novum pocket

Friedrich Merkle

Das Märchen vom alten, weißen Mann

Klima – Neoliberalismus – Machtverhalten

novum pocket

Bibliografische Information
der Deutschen Nationalbibliothek:

Die Deutsche Nationalbibliothek
verzeichnet diese Publikation in der
Deutschen Nationalbibliografie.
Detaillierte bibliografische Daten
sind im Internet über
http://www.d-nb.de abrufbar.

Alle Rechte der Verbreitung, auch
durch Film, Funk und Fernsehen, fotomechanische Wiedergabe, Tonträger, elektronische
Datenträger und auszugsweisen
Nachdruck, sind vorbehalten.

Gedruckt in der Europäischen Union
auf umweltfreundlichem, chlor- und
säurefrei gebleichtem Papier.

© 2023 novum Verlag

ISBN 978-3-903382-57-2
Umschlagfoto: Klaus Hardt
Umschlaggestaltung, Layout & Satz:
novum Verlag
Innenabbildungen:
siehe Bildquellennachweis S. 138

Die vom Autor zur Verfügung
gestellten Abbildungen wurden in
der bestmöglichen Qualität gedruckt.

www.novumverlag.com

**Das Gesetz ändert sich,
Das Gewissen nicht!**

Sophie Scholl

*Für meine Söhne André und Marcel und
für meine Frau Gisela!*

schreibe!? Vielleicht sind Sie der Meinung, diese Themen passen doch gar nicht zusammen. Meine Antwort: „Und ob sie zusammenpassen!" Über den Klimawandel und die knallharten Fakten sind schon viele Bücher geschrieben worden, es braucht Taten, nicht noch mehr Bücher. Zum neoliberalen Kapitalismus gibt es viele kluge Analysen, sogar von Nobelpreisträgern. Ich stütze mich auf sie. Und natürlich gibt es ein Lehrbuch der vergleichenden Verhaltensforschung! Ich möchte Zusammenhänge aufzeigen. Denn die Ignoranz und Leugnung des bedrohlichen Klimawandels ist nur verständlich, wenn man die Denkweise und die Auswirkungen der Ideologie des Kapitalismus und gleichzeitig die Grundlagen des menschlichen Verhaltens versteht. Natürlich will ich auch das persönliche Erleben der 50 Jahre Leugnung der Klimaerhitzung und meine Suche darstellen, dieses faktisch ziemlich schizophrene und selbstmörderische Verhalten zu verstehen.

Als ich in den Berichten zum 100-jährigen Geburtstag Sophie Scholls ihren sagenhaften Satz zum ersten Mal las, hat er mich umgehauen. Und er lies mich seither nicht mehr los. Es wurde mir klar, das war auch meine Leitlinie, für die ich mich immer entschieden hatte, koste es was es wolle. Hätte ich das 3. Reich überlebt? Ich meine damit nicht, ob ich als Soldat gestorben wäre. Ich meine eher, ob ich mich angepasst hätte, ob ich geschwiegen hätte! Ich erinnerte mich, wie ich die innere Beziehung zu erfolgreichen „Freunden" gekappt hatte, als mir klar wurde, dass sie im NS-System mindestens Gauleiter oder Oberstumbandführer geworden wären. Einem kündigte ich sogar schriftlich die Freundschaft, als er die Fahne nach dem Machtwind drehte. Er, der mich korrigierte, als ich in den USA einen farbigen Mann mit „Sir" ansprach. Er, der mich mahnte, dies sei falsch und durch „Mr." zu ersetzen, denn mit „Sir" billige ich dem farbigen Gegenüber einen gehobenen Status zu und das ginge gar nicht. Mein Jugendidol aber wurde ein Freund meines Vaters, der immer Humor ausstrahlte – ein begnadeter Witzeerzähler – was ihm im 3. Reich fast zum Verhängnis wurde! Er landete nämlich in Dachau, weil er im Zug von Memmingen nach Altenstadt folgenden Witz erzählte: „Wann ist eine Kuh arisch?", fragte er seine Mitreisenden. „Eine Kuh ist arisch, wenn sie so fett ist wie der Göring, eine so große Gosch hat wie der Göbbels, so braun ist wie der Hitler und sich so ausmelken lässt, wie's deutsche Volk!" Da es bis Altenstadt noch 2 Haltestellen gab, wo Denunzianten ausstiegen, stand bei Karls Ankunft schon der einzige Dorfpolizist am Bahnhof und sagte „Karl, I muass Di verhoftn!" So landete Karl in Dachau. Er hatte jedoch Glück, denn seine Frau war Nachbarskind des späteren England-Fliegers Rudolf Hess. Sie erreichte über Hess, dass Karl, der begnadete Witze Erzähler, Dachau überlebte und rauskam. Und erneut in den 50er und 60er-Jahren in unserer Backstube mit seinen ungeschminkten Witzen über Gott, die Frauen und die politische Welt für maximale Heiterkeit sorgte! Also auch für glückliche Momente meiner Kindheit. Er war sicher ein Vorbild für mich! Mein Gewissen stellte sich zunächst gegen meinen Vater, später gegen meinen Religionslehrer, den „Chefideologen", wie ich ihn nannte. Da er rhetorisch uns Schülern haushoch überlegen war, machte er mich und andere bei kritischen Fragen, die aus dem tiefsten Herzen kamen, einfach fertig und vor der Klasse lächerlich! Ob ich also das 3. Reich überlebt hätte?? Ich weiß es nicht! Aber hingerichtet wurde ich später oft, nicht physisch, jedoch psychisch! Ich werde diesen Satz Sophie Scholls jedoch nie mehr vergessen... – „das Gewissen ändert sich nicht!"

Grenzen des Wachstums, der Klimawandel und ich

Ja, ich war und bin ein Exot – das war fast immer so und es schmerzt immer noch. Es begann schon mit meiner Geburt, der Erb-Prinz war schon geboren und ich war ein „Unfall" einer gescheiterten Ehe – die meine Mutter in eine ausweglose Lage und so in Depressionen getrieben hat. Also war ich nicht Erbprinz oder der 2. geliebte Sohn, sondern nur das „Pflegekind". Dem Kronprinzen hat dies auch nicht dauerhaft genützt, er fiel, als er nach dem Vorbild des Vaters zum (Macho-) Manne wurde, in Ungnade. Später war ich der Einzige meiner Grundschulklasse, der aufs Gymnasium ging und so wieder Exot. In meiner Klasse am Gymnasium war ich jedoch voll integriert und fühlte mich dort quasi zu Hause und konnte dort durch intelligente Streiche und Schabernack zusammen mit meinem Freund und Klassenprimus „Spargolo" meine Stellung festigen.

Aber schön der Reihe nach – ich möchte zuerst mit meinem Weltbild beginnen, das sich von den anthropozentrischen Weltbildern der allermeisten Menschen ganz fundamental unterscheidet. Meine Weltsicht beginnt nicht vor 13 Milliarden Jahren, wo die Astronomen den Urknall verorten, also den Beginn des Universums. Es reicht mir, wenn mein Weltverständnis bei rund 4 Mrd. Jahren einsetzt, wo durch Gravitation so langsam eine heiße Erde noch ohne Leben entstanden war. Die Wissenschaft hat über Experimente der chemischen und atmosphärischen Verhältnisse Vorstellungen entwickelt, wie die ersten Biomoleküle, wie Aminosäuren oder Purine

(Bestandteile der Erbsubstanz usw.) entstanden. Versteinerungen und Abdrücke zeigen die ersten „lebenden" Vorläufer der Zellen, die Protobionten. Spannend wird es erst richtig mit der Entstehung der Photosynthese, so ganz grob vor 2 – 3 Milliarden Jahren. Bis dahin war die Atmosphäre geprägt durch hohe Konzentrationen an Kohlenstoffdioxid, Ammoniak usw. Die Photosynthese verbrauchte nun CO_2 und brachte immer mehr Sauerstoff in die Atmosphäre. 2 Milliarden Jahre lang ging das so – bis vor ca. 10000 Jahren, besser gesagt bis vor etwas mehr als 300 Jahren, dem Beginn der industriellen Revolution. Mehr als 2 Milliarden Jahre lang entzog die Photosynthese der Atmosphäre CO_2 und baute pflanzliche Biomasse auf, die in Form von Torf, Braun- und Steinkohle, Erdöl und Erdgas in der Erdkruste oder in Meeren und Seen durch biogene Entkalkung als Calciumcarbonat am Meeresboden abgelagert wurde. Wie gesagt – 2 Milliarden Jahre lang, eine astronomisch lange Zeit – noch mal **zweitausend Millionen Jahre lang**!

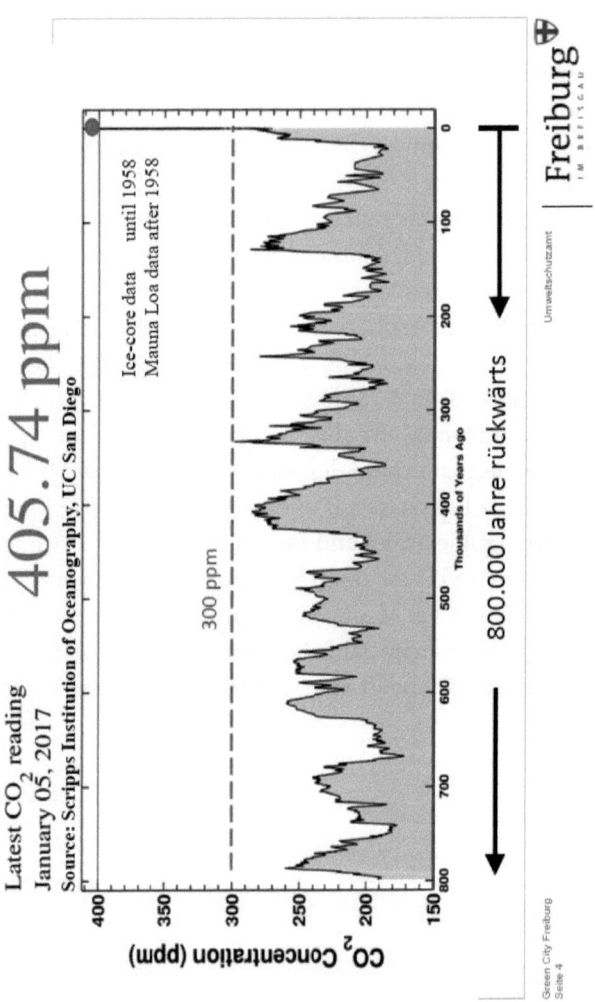

So sind die Fakten: Über sicher mehr als 800 000 Jahre schwankte der CO2-Gehalt der Atmosphäre wie gemessen und dargestellt – nun der Ausrutscher innerhalb weniger als 50 Jahren. Bereits jetzt sind es schon ca. 416 ppm. (Abb.: Prof. Dr. Ulf von Zahn, Genehmigung durch Sohn, Dr. Klaus v. Zahn, Chef Umweltamt Freiburg)

Als der Mensch das Feuer für sich zu nutzen erfand, begann ganz langsam seine Karriere zum „game-changer". Auch die Frühmenschen setzten so CO_2 frei, aber in vernachlässigbar geringen Mengen. Mit Beginn der industriellen Revolution änderte sich das mit atemberaubender Geschwindigkeit und mit immer größeren astronomischen Mengen. Eisenverhüttung, Dampfmaschinen, Eisenbahn, Beton als Baustoff, zuerst wenige Autos, dann exponentiell immer mehr, ganz zu schweigen vom Fliegen, das ab Mitte des 20. Jahrhunderts ja auch exponentiell zunahm. Alles brauchte immer mehr fossile Energie und setzte CO_2 frei. Nicht nur der Energieverbrauch stieg exponentiell, auch die Weltbevölkerung vermehrte sich wie die Hasen, also exponentiell. Man muss es sich auf der Zunge zergehen lassen: Bis es 1949 – in meinem Geburtsjahr – ca. 3,5 Mrd. Menschen auf der Erde gab, dauerte es, je nachdem, wann man den Beginn des Homo sapiens ansetzt, mindestens eine halbe Million Jahre. In meinen kurzen 71 Lebensjahren nun hat sich die Menschheit auf ca. 7,4 Mrd. mehr als verdoppelt. In so kurzer Zeit kamen nun rund 4 Milliarden dazu! Exponentielles Wachstum eben, wie bei Corona, aber auch da zeigt sich: Ministerpräsidenten sind eben selten Naturwissenschaftler, eher Juristen – andere Präsidenten gar Wirtschaftsbetrüger wie Trump oder Militärs wie Jair Bolsonaro ohne Verständnis von Naturwissenschaft – und die haben es nicht so mit der Exponentialfunktion!

Zunahme der Weltbevölkerung 1976.
1976 habe ich in Basic ein C-64 Programm zur simultanen Zählung des damaligen Weltbevölkerungswachstums geschrieben, das lange Zeit in einer Vitrine im ASG Leonberg lief und „zählte". Wenn ich beim Programmieren nicht weiterwusste, fragte ich einen Schüler. Die Abbildung oben ist ein Ausdruck dieses C-64 Programms.

Zudem sind sie gewöhnt, dass **sie** – die Egomanen – bestimmen, wo es lang geht. **Dem Virus oder dem Klima und dem Meeresspiegel ist das alles so was von egal, was Juristen, Politiker, Verschwörungstheoretiker, Staatsverbrecher, Brexit-Lügner oder Religionsführer denken!** Beide, Virus und Klima entwickeln sich ausschließlich nach den Gesetzen der Natur! Das sind Mechanismen, die nur naturwissenschaftlich erschlossen werden können und die wir nur durch profundes Verständnis zu unseren Gunsten beeinflussen können. Wenn die CO_2-Konzentration steigt, bleibt mehr Energie in der Atmosphäre hängen (alles sehr genau physikalisch durchgemessen), die Folge ist, es wird wärmer. Wenn Wasser wärmer wird, dehnt es sich aus, der Meeresspiegel steigt. Wenn Arktis- und Antarktis-Eis schmelzen, kommt noch mehr Wasser ins Meer. Der Meeresspiegel steigt noch mehr. Alles verdammt einfach. Schon als ich in der populationsgenetischen Vorlesung hörte, was mit Tier-Populationen passiert, die exponentiell wachsen, ging mir ein „dunkles" Licht auf, dass das mit dem „höher, schneller, weiter" so kein gutes Ende wird nehmen können. Aber wir sind doch die Krone der Schöpfung, also der Homo sapiens sapiens!? Schön wär's, aber es könnte sogar vielleicht noch einigermaßen gut werden. Wir könnten gerade noch die Kurve kratzen! Dazu müssten wir aber tatsächlich mal „sapiens", also „klug" sein: Kapieren, dass wir nicht weiter hemmungslos fossile Energieträger verbrennen können und beliebig in der Natur Plastik freisetzen, das an den entlegensten Stellen der Erde und den tiefsten Gräben der Tiefsee als Mikroplastik in allen Lebewesen, also in unserer Nahrung wieder auftaucht. Doch die meisten Menschen studieren oder lernen Wirtschaftswissenschaften, wo alles immer größer werden „muss", eine „unsichtbare Hand des Marktes" in geradezu göttlicher Weise dafür sorgt, dass alles sich so wunderbar reguliert, so dass Superreiche immer reicher werden und die Schere zwischen arm und reich immer grösser wird.

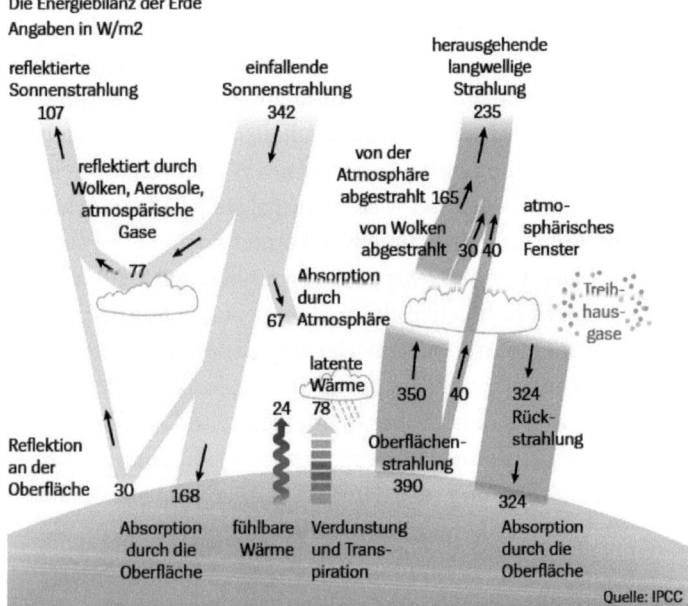

Abb. *Stefan Rahmstorf:* **Crashkurs in Strahlungsbilanz und Treibhausgas-Heizung. Woher die gewaltige Energie des Klimawandels stammt.** *Er schreibt: Die dadurch entstehende Heizleistung beträgt inzwischen rund zwei Watt pro Quadratmeter, Tag und Nacht, rund um den Globus. Insgesamt ist das eine 1 Petawatt (das sind eine Million Gigawatt) starke Heizung – eine Leistung, die mehr als dem Fünfzigfachen des Energieverbrauchs der gesamten Menschheit entspricht.*

Nochmal: Wir können uns beliebig schöne oder verrückte Hirngespinste oder Träume machen – wie Putin, der als größte Katastrophe der Geschichte den Zerfall der Sowjetunion ansah und nun mit beliebig krimineller Energie diese mächtige Sowjetunion wieder aufrichten will, das sieht er als seine bedeutsame Aufgabe der Geschichte an – und so will er als „Putin der Große" in die Geschichte eingehen. Man sieht, wohin Ideologien und Hirngespinste führen: zu unendlichem Leid und unendlicher Zerstörung. Oder wie ein Herr Bezos glaubt, sein Baby Amazon müsse die gigantischste Firma der Welt werden. Dann ist er bedeutsam und wird unsterblich. Und mächtig sein wollen wir ja alle, als Influencer, Musiker, Künstler, CEOs, Generaldirektoren, als Vorsitzende, Bürgermeister oder Ministerpräsidenten. Oh, als alter weißer Mann habe ich mal wieder die gendergerechte Sprache unterlassen. Sie dürfen Ihren Shitstorm gerne „launchen".

Dem Virus und dem Meeresspiegel ist das alles einfach „wurst".* Es gelten die Gesetze der Natur

---

* Stefan Rahmstdorf, Klimaforscher am PIK, schreibt am 13.8.2021 in Spiegel online zum Thema Meeresspiegelanstieg: „Bei einem 1,5 Grad Szenario kann der Anstieg bis 2100 wahrscheinlich auf unter einem halben Meter begrenzt werden. Doch bei weiter stark steigenden Emissionen lässt sich ein Anstieg um bis zu 2 Meter bis 2100 und gar 5 Meter bis 2150 nicht ausschließen. Das wäre eine Katastrophe planetaren Ausmaßes durch den Stabilitätsverlust großer Kontinentaleismassen. Doch auch im günstigsten Fall ... wird der Meeresspiegel sehr lange unaufhaltsam steigen. Große Meeresspiegelveränderungen haben auch die Klimaveränderungen der Erdgeschichte begleitet – nach der letzten Eiszeit stieg der Meeresspiegel um rund 120 Meter und es gibt noch genügend Eis für weitere 65 Meter."

und meine Exponentialfunktionen, wie ich sie vor allem in der Populationsgenetik für die Praxis gelernt habe und später in der Ökologie in Klasse 11 auch gelehrt habe.** **Die Natur ist weder gut noch böse** und der „liebe Gott" löffelt keine Suppe aus, die wir uns aus Dummheit, „alternativer Wahrheit", aus Gier oder Hybris eingebrockt haben. Ja, es ist unglaublich schön, einen lieben Gott zu haben, der uns geborgen hält und dafür sorgt, dass alles gut wird. Aber mir ist er durch all die Widersprüche, Lügen und machtgestützten Schweinereien unzähliger Schein-Heiliger leider verloren gegangen. Schade, ich hätte es schöner haben können und wollen. Aber Gott ist auch gütig, deshalb wird er mir diese Schwäche verzeihen. Auch ich hatte als Schüler das „höher, schneller weiter" Weltbild nach Kriegsende aufgesogen, musste und wollte als Mann hart wie Kruppstahl sein, ich wollte Atom-Physik studieren. Die Menschheit war im Aufbruch, nicht nur zum Mond, sondern zur Eroberung des Weltalls. Der Bruch kam für mich 1972 unerwartet an einem sonnigen Tag auf dem Weg zur Vorlesung in der Buchhandlung Lehmkull in der Leopoldstraße in München. Die Computerstudie „Grenzen des Wachstums", publiziert vom Club of Rome war als Neuausgabe ausgestellt: Ich fing an zu lesen, kaufte es, schwänzte die

---

** Auch den Vorwurf, die Schulen hätten die Digitalisierung verschlafen, brauche <u>ich</u> nicht auf mir sitzen zu lassen. Als ITG-Multiplikator habe ich im Computerraum mit den Schülern Exponentialfunktionen für Populationen und Räuber-Beute Systeme programmiert und mit einer einfachen Methode EKGs gemessen – zum Beispiel die Veränderungen des EKGs beim Rauchen einer Zigarette.

Vorlesung und nachts um 2 Uhr war ich fertig – mit den Nerven und meinem anthropozentrischen Weltbild – also dem „die Zukunft ist rosig und toll" Weltbild. Das war M E I N „Putin Schock-Erlebnis". Doch schon damals interessierten sich nur sehr wenige dafür. Ich wollte reden, aber fand keine Gesprächspartner. In der Folgezeit gab es unendliche viele Publikationen, die alle nachweisen wollten, dass die Computerstudie fehlerhaft sei. Sie passte einfach nicht in die Ideologie des Neoliberalismus, der vor allem das nüchterne und vorsichtig abwägende Denken vor der Finanzkrise hinwegfegte.

In meinem Weltbild ist es jetzt schon mindestens halb Eins, nicht 5 vor 12. Die Erde ist keineswegs unendlich. Der Mensch ist längst in die hintersten Ecken der Welt und des Lebens vorgedrungen und er hat Wald, Wiese, Flüsse, Meer und sogar schon die Tiefsee gekapert – über seinen Energiehunger auch die Atmosphäre. Wie schön war es, als ich noch meiner Begeisterung fürs Fliegen frönen konnte. Leider ist auch (fossil betriebenes) Fliegen eine CO_2-Sauerei. **Nichts mehr ist so unendlich wie der Himmel meiner Kindheit!** Deshalb leben wir heute tatsächlich im „Anthropozän", dem Erdzeitalter, das der Mensch gewaltsam erobert und in dem er sich Flora und Fauna unterworfen hat. „Machet Euch die Erde untertan" zitieren die Katholiken die Bibel. Es fehlt aber der wichtige Zusatz – „zerstört sie nicht!" **Ein Herrschaftssystem aber steht und fällt mit der Klugheit und der Weitsicht des Herrschers.** Und daran hapert es gewaltig. Die Jungen von F4F (Fridays for Future) müssten, so meinte FDP-Chef Lindner, inzwischen Finanzminister, Klimafragen „den Fachleuten überlassen".

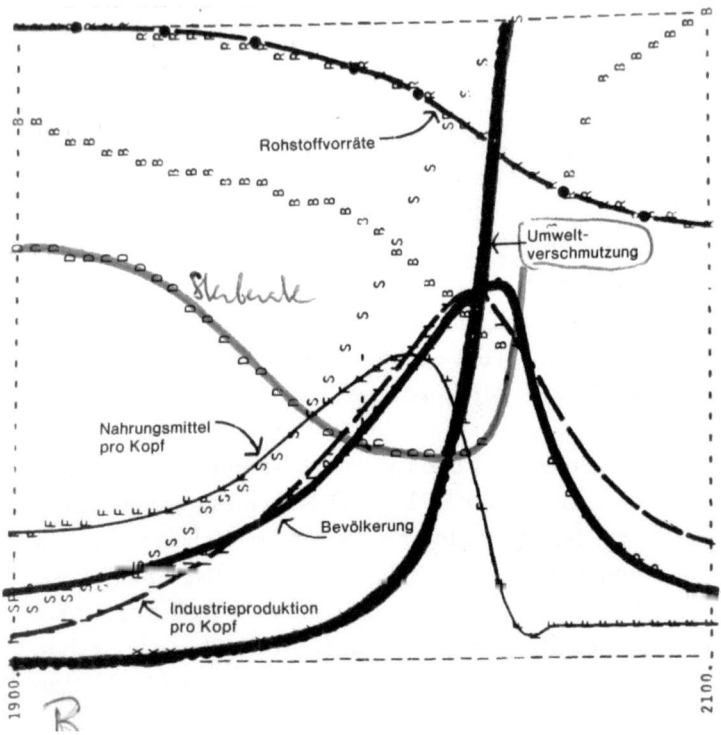

Simulationslauf des Weltmodells bei verdoppelten Rohstoffreserven der Computerstudie „Die Grenzen des Wachstums" aus dem Bericht des Club of Rome, Dennis Meadows, dva informativ, 1972

Recht hatte er ja, aber sein entscheidender Denkfehler war und ist wohl weiterhin, dass er **sich** als Fachmann hielt und wohl weiter hält. Seit ich das Buch von Luisa Neubauer gelesen habe, weiß ich, dass Sie und Ihr Mitautor wirklich kompetente Fachleute beim Thema Klimaschutz sind. Leider gibt es viel mehr Lindners als demütige, kluge und nachdenkliche Menschen.

Sie werden nun vielleicht sagen, ich sei nun doch „voll im Mainstream", denn alle, nicht nur die Grünen reden vom Klimawandel. Ja, inzwischen reden wirklich viele davon, auch CDU und FDP-Anhänger tun das, meist mit einem stirnrunzelnden, bedeutungsschweren „Aber". Ich habe inzwischen jedoch ein Gespür dafür entwickelt, was Reden über eines der unendlich vielen Probleme, mit denen sich ein Politiker auseinandersetzen muss, bedeutet und was die Erkenntnis besagt „Wir sind in einer gefährlichen fossilen Sackgasse gelandet und es gibt da **nur noch den ganz konsequenten Weg heraus"!** Ich kenne kaum einen CDU-Anhänger, der das emotional wirklich begriffen hat, vielleicht Klaus Töpfer. Ich kenne aber einflussreiche CDU-nahe Organisationen wie die „INSM", „Vernunftkraft" und viele andere, die – wie in den USA die Koch-Brüder, die Murdochs und die Ölkonzerne – mit Desinformation alles trieben und treiben, um geeignete Maßnahmen gegen den Klimawandel zu bekämpfen.[***] Und ich kann Ihnen versichern, dass es Jahrzehnte lang nicht einfach war, im Autobauerland (Daimler, Porsche, Bosch und Zulieferer) am Gymnasium für das Verständnis der drohenden Klimaproblematik zu werben. Egal ob ich im Chemieunterricht stöchiometrisches Rechnen mit Autofahrten zum Bodensee eingeführt habe, Studientage zu den Grenzen des Wachstums abgehalten oder als BUND-Vorsitzender

---

[***] **Die Klimabremser-Lobby im Machtzentrum der CDU** – Dr. Christina Deckwirth, Politikwissenschaftlerin, geb. 1978, vertritt LobbyControl in unserem Berliner Büro gegenüber Politik und Medien.

in Leonberg nicht das St. Floriansprinzip für den Engelberg-Basis-Tunnel unterstützt habe: Die Schüler wollten natürlich Porsche fahren, die Kollegen zuckten mit den Schultern und die lieben Mitbürger machten Telefonterror nachts um 2 Uhr: „Der BUND schützt jede Schnecke, der Mensch bleibt auf der Strecke!" hieß ein Slogan gegen unsere Argumente. Am härtesten aber traf mich, dass meine Söhne kaum Verständnis für meine Ansichten hatten, ich war auch für sie nun der Exot, der den Fortschritt und das sorglose privilegierte „stylische" Leben in Frage stellte. Das kam als maximale Kränkung bei mir an! Ich glaube, sie schämten sich für mich, denn mit so einem Vater konnte man schwer „In sein". Wir als Kinder schämten uns auch für die „Schwäche" meiner Mutter und wollten nicht, dass sie sich scheiden ließ. Damit nahmen wir Ihr die einzige Chance, in Ihrer Zeit und in ihrer Situation psychisch zu überleben.

Es gab noch etwas zweites, wodurch sich mein Weltbild fundamental vom Mainstream-Weltbild unterschied. Das fing sogar sehr viel versprechend an. Da ich in Klasse 13 schon von Konrad Lorenz und seiner Verhaltensforschung gehört hatte, ging ich bereits in meinem 2. Semester in seine Vorlesung, denn er wollte nach diesem Semester aufhören. Es war ein „Erweckungserlebnis", ihn zu hören, ganz anders als die aufgeblasenen Chemie-Professoren vor hunderten Studenten. Er hatte eine natürliche Autorität und eine wohlig warmherzige Ausstrahlung. (Dass ihm wegen ideologisch unerwünschter und nicht verstandener Aussagen später sogar Rechtsradikalität angedichtet wurde, ist dummer, grober Unfug! Da bin ich mir sicher.) Die eigentliche Ethologie Vorlesung hörte ich bei seinem

Nachfolger, Prof. I. Eibl-Eibesfeldt. Er war der erste, der menschliches Verhalten mit den wissenschaftlichen Methoden der Ethologie (Verhaltenslehre) untersuchte und dazu in die hintersten Winkel der Erde reiste. Dass der Krone der Schöpfung einige der eingebildeten Zacken dabei ausbrachen, war kein Wunder. Natürlich wollte niemand hören, dass wir auch in den Verhaltens- und Lernweisen sehr nahe mit den Menschenaffen verwandt sind. Ohne Zweifel, denn fast 99 % unseres Genoms ist mit dem der Schimpansen und Bonobos identisch. Das ist der wissenschaftliche Fakt. Ihn auszusprechen, kommt bei den meisten Menschen aber als Beleidigung an. Und schon ist der Gesprächsfaden gerissen. Und wieder war ich der Exot. Immerhin gab es damals noch keine „Shitstorms", dafür muss ich dankbar sein.

Lange bevor die Trump'schen Fake-News-Lügen zur „alternativen Wahrheit" hoffähig wurden, lernte ich schmerzhaft, dass der Großteil auch der akademisch Gebildeten mit den Naturwissenschaften nicht auf sehr vertrauensvollem Fuß standen. Und letztes Jahr erinnerte der bayerische Kabarettist Polt in der SWR Sendung „Leute heute" daran, dass beim Aussprechen von ideologischen „Tabus" die alte Weisheit aus dem 1. Weltkrieg immer noch gilt: „Wenn du aus dem Schützengraben den Kopf hochstreckst, rechne damit, dass Dich eine Kugel trifft". So demokratisch und tolerant für abweichende Meinungen, wie wir glauben und uns geben, sind wir keineswegs. Die „sozialen Medien" haben die Intoleranz ganz massiv verstärkt und die Desinformation der Menschen durch „Blasenbildung" verschärft.[4] Ernst Ulrich von Weizsäcker spricht vom Ende der Aufklärung. Ich bin also fest davon überzeugt, dass das, was die seriöse

Klimawissenschaft erarbeitet hat, die real bedrohliche Lage der Menschheit im Jahr 2022 beschreibt. Wir haben wenig Zeit, eine lebenswerte Erde zu erhalten und Massensterben und Massen-Klimaflucht zu vermeiden. Deutschland ist von Trockenheit, Überschwemmungen durch Starkregen und Meeresspiegel Anstieg bedroht.

Der berühmte Paleo-Anthropologe Richard Leakey hatte schon 1995 die Lage erkannt und schrieb ein Buch namens „Die 6. Auslöschung"[5]. Er reihte damit die vom Menschen verursachte Lage in die 5 bekannten Auslöschungs-Ereignisse in die Erdgeschichte ein, wie z. B. das plötzliche Aussterben der Saurier. Die Grafik auf dieser Seite beschreibt dies kurz und anschaulich. Heute, **mehr als 25 Jahre später,** bringt nun der Naturfilmer Andreas Kieling genau diese Thesen an die breite Öffentlichkeit. Ist das Alarmismus oder ist das Realität? **Meine Überzeugung: Es ist knallharte Realität!** Vielleicht verstehen Sie nun, dass diese Erkenntnisse mit diesem Weltbild und die praktisch totale Ignoranz der Mitmenschen in Wirtschaft und Politik und vor allem auch in der Familie über Jahrzehnte mich auch sehr belastet hat. Da ich tiefer gebohrt habe, musste ich auch feststellen, wie viele Milliarden die Leugner wider besseres Wissen zur Desinformation zwecks Aufrechterhaltung ihres Geschäftsmodells eingesetzt haben. Exxon Wissenschaftler haben die Klimaerwärmung Anfang der 90 Jahre bis 2020 sehr exakt vorausgesagt und Exxon hat für die Firma selbst Schutz-Vorkehrungen getroffen, aber die Öffentlichkeit durch Desinformations-Kampagnen getäuscht. Ernst Ulrich von Weizsäcker fordert auch deshalb eine „Neue Aufklärung" über die Begrenztheit des Planeten und der Handlungsoptionen, die wir noch haben.

Was die Klimaerhitzung für uns Menschen bedeutet

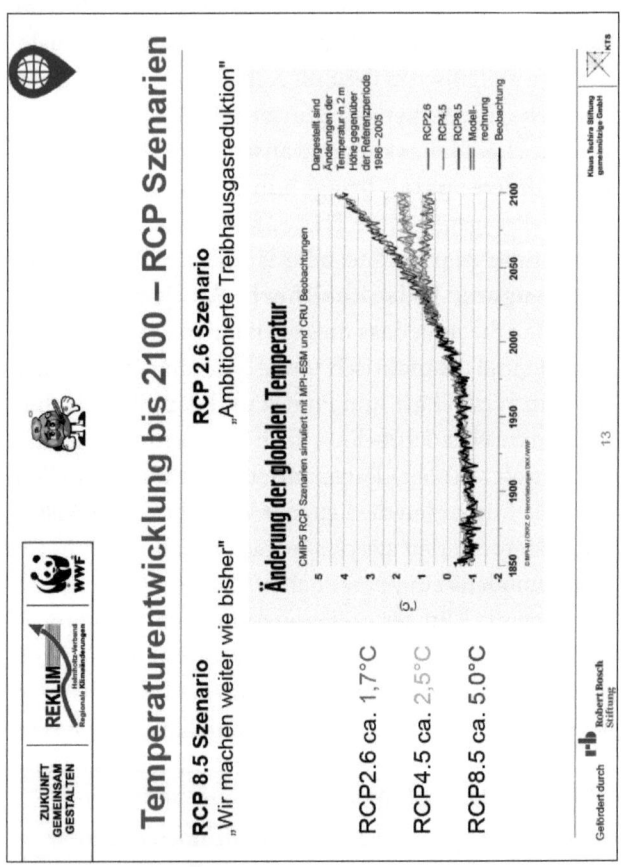

Folie aus REKLIM-Vortrag der Klimafit VHS Kurse. Erlaubnis erteilt. Die Dicke Linie zeigt den 5-Jahres-Durchschnitt der globalen Temperatur-Anomalien (NOAA). Die punktierten Linien zeigen die Perzentile der Vorhersagen zur Erderhitzung nach Raftery et.al., 2017, die schwarze Linie unten ist der Durchschnitt im 20 Jahrhundert. Inspiriert von The Guardian. Chart: Gregor Aisch, Created with Datawrapper.

Das Thema **Versauerung der Meere** ist in der öffentlichen Wahrnehmung bisher viel zu kurz gekommen und es wird sich als ebenso gefährlich für das Überleben der Menschheit herausstellen wie der Klimawandel an sich. So beschreibt das aktuelle Buch von Professor Mojib Latif „**Das Ende der Ozeane**" – Warum wir ohne Meere nicht überleben werden.

Diese Schönheit (eine Meeres-Kieselalge), Nahrungsgrundlage (!) aller Meerestiere, verkommt durch die Versauerung der Meere – verursacht durch unseren untragbaren CO2-Ausstoß! Dies gefährdet die gesamte Nahrungskette bzw. das Ökosystem der Meere. Wir Menschen begreifen es wohl leider nicht wirklich, bevor es zu spät ist.

Ich wundere mich schon viele Jahre, warum beim Thema Klimawandel die Risiken durch die Versauerung der Meere so kurz kommen. Jedenfalls ist dieses gigantische Problem noch nicht ins öffentliche Bewusstsein vorgedrungen. Ja, die gigantische Plastikvermüllung, die Tatsache, dass man Mikroplastik in den entlegensten Buchten, Tiefseegräben und in Muscheln, Meeresfrüchten und Fischmägen findet – und natürlich die Überfischung der Meere – diese Dinge sind schon mehr und mehr ins öffentliche Bewusstsein gerückt. Aber der leise Tod, verursacht durch die Versauerung der Meere, der langsam und kontinuierlich fortschreitet und der gerade deshalb so gefährlich ist, das scheint noch kaum ein Thema zu sein. Vielleicht auch deshalb, weil der pH-Wert eine logarithmische Skala hat, sodass das Sinken von 7 auf 6 zwar als kleiner Unterschied erscheint, jedoch in Wahrheit der Säuregrad (die Konzentration der H_3O+ Ionen) um den Faktor 10 höher ist. 2 pH-Einheiten bedeuten den Faktor 10 *10, also 100, 3 Einheiten den Faktor 1000. Wodurch wird das Sinken des pH – Wertes verursacht? Natürlich wieder durch das CO_2, das wir Menschen ausstoßen. Das Meer nimmt einen erklecklichen Teil auf – einerseits zu unserem Glück, sonst wäre der atmosphärische CO_2 Gehalt schon viel höher und die Erde viel heißer. Dieses unser Glück ist aber eine Medaille mit 2 Seiten. CO_2 löst sich hervorragend in Wasser und bildet Kohlensäure. Der Chemiker spricht vom Kohlsäure-Gleichgewicht. So machen wir ja auch unseren Sprudel. Mit Druck lösen wir Kohlenstoffdioxid im Wasser. Zum Glück ist die Kohlensäure nur eine relativ schwache Säure, so dass wir den „sauren Sprudel" unbedenklich noch trinken können. Auch das Meer wird durch das gelöste Kohlendioxid nicht gleich zur stark sauren Salzsäure-Brühe. Es wird jedoch ganz unmerklich langsam saurer. Welche Konsequenzen hat nun das langsame kontinuierliche Sinken des pH-Werts? Die Nahrungskette im Meer, die als Krönung gigantische Haie und Wale einerseits und Seeadler andererseits hervorbringt, beginnt in der Basis mit dem Phytoplankton, den mikroskopisch kleinen Grün- und Blaualgen, die mit Hilfe von Sonnenlicht gigantische Mengen an Biomasse aufbauen. Davon lebt das Zooplankton, also Kleinstkrebse und andere Kleinsttierchen. Kleine Fische – die nächste Ebene der Nahrungspyramide futtern die Kleinkrebse, größere Fische die kleinen, usw. bis hin zu den Giganten der Meere, den Haien und Walen. Und hier kommt nun unsere Schönheit ins Spiel, die Meeres-Kieselalge, als Beispiel für Millionen anderer Kleinst-Foraminiferen natürlich auch als Beispiel für die Korallen, die ebenfalls Kalkpanzer aufbauen – ganze Gebirge, ganze Lebensräume, Biotope. Wie weist ein Geologe auf Exkursion nach, dass es sich bei einem Gestein um Kalkgestein handelt. Ganz einfach. Er hat ein Fläschchen mit verdünnter Salzsäure dabei und träufelt ein paar Tropfen auf das Gestein. Wenn es sprudelt und das Gestein sich auflöst, dann ist es Kalkgestein. Ich denke – nun verstehen Sie, dass die Versauerung der Meere durch unser Treibhaus- und gleichzeitig Kohlensäure-Gas zur Folge hat, dass die Korallen nicht mehr ihre Kalkpanzer und Gebirge aufbauen können, sondern viel schlimmer, dass die Foraminiferen, die Basis der Nahrungskette im Meer sich immer schwerer tun, ihr Gehäuse zu bauen. Wen es interessiert, hier in diesem Kasten mehr zur Chemie des Kohlensäuregleichgewichts.

Ergänzung: Die einfache Chemie des
Kohlensäure Gleichgewichts

$$CO_2 + H_2O \xrightarrow{} H_2CO_3 \xrightarrow{+H_2O} \mathbf{H_3O}^+ + HCO_3^- \xrightarrow{+H_2O} \mathbf{H_3O}^+ + CO_3^{2-}$$

Kohlen- + Wasser <---> Kohlensäure <---> Oxonium- + Hydrogen- <----> Oxonium- + Carbonat-
dioxid   Ionen   carbonationen   Ionen   Ionen

Diese Oxonium Ionen erzeugen die Säurewirkung, das Wasser wird saurer.

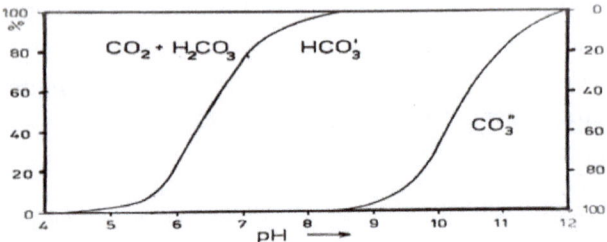

Zustandsformen von CO2, Kohlensäure, Hydrogencarbonat und Carbonat in Abhängigkeit vom pH Wert. HCO_3 bedeutet HCO_3^- 2 Striche bedeuten $^{2-}$ Grafik: F. Merkle

Je mehr CO_2 in der Atmosphärischen Luft vorhanden ist, desto mehr CO_2 wird im Meerwasser gelöst. Je mehr CO_2 gelöst ist, desto mehr Oxonium Ionen sind vorhanden und desto saurer wird das Meerwasser. Wasser, das mehr Kohlendioxid enthält, als dem Gleichgewicht entspricht, löst weiteren Kalk (Korallen, Kalkschalen usw.) und ist wie jede Säure auch gegen Eisen aggressiv.

Um dieses Kapitel zusammen zu fassen, zitiere ich Graeme Maxton und Bernice Maxton-Lee aus „Ein Leitfaden für eine bessere Welt": Sie lieferten mir den schlagfestesten Beleg dafür, dass meine Analyse den Finger in die richtige Wunde legt – mit ihrer kompromisslosen Verurteilung des neoliberalen Kapitalismus als Hauptverursacher der Klimaerhitzung. Er war immerhin ehemaliger Generalsekretär des Club of Rome „Damit sich die Menschheit von ihrer selbst gemachten ökologischen Bürde befreien kann, muss sie zuerst begreifen, dass das heute in weiten Teilen der Welt dominante System des menschlichen Fortschritts, bekannt auch als Neoliberalismus, die Hauptursache ihrer Probleme ist." Und einige Seiten weiter: „Unermessliche Mengen an Zeit, Energie und Talent wurden bereits auf ernsthafte Debatten mit Neoliberalen vergeudet, als wären dies ehrliche Theoretiker, Denker, Gelehrte, Denkfabrikexperten oder Staatsmänner, wo doch das Hauptmerkmal des Neoliberalismus die Täuschung ist." Auch die Maxtons sehen – wie ich – den vom Neoliberalismus propagierten Egoismus und Individualismus in angel-sächsisch geprägten Gesellschaften als schwere Bürde. „Um … eine Welt zu schaffen, in der die Menschheit in Einklang mit der Natur leben kann, brauchen Gesellschaften ein System echter Gleichberechtigung, frei von Gier und Materialismus."

„Die Fakten:
- Die Durchschnittstemperatur auf der Erde steigt und das immer schneller. Das ist kein natürliches Phänomen.
- Die Erderwärmung ist hauptsächlich darauf zurückzuführen, wie Menschen Energie und Nahrung produzieren.
- Die durchschnittliche Oberflächentemperatur der Erde ist jetzt um 1,2 °C höher als im Jahr 1800 und damit höher als je zuvor in den letzten 3 Millionen Jahren.
- Das wichtigste Treibhausgas ist Kohlendioxid (CO_2). Vor der Industriellen Revolution betrug die Konzentration in der Atmosphäre 280 ppm (Teile pro Million). Derzeit ist sie mit 416 ppm fast 50 % höher als damals und steigt weiter exponentiell um 3 ppm pro Jahr.
- Der Kipp Punkt, ab dem eine unaufhaltsame Kettenreaktion beginnt – den die Menschheit daher verhindern muss – ist bei 450 ppm erreicht. Das ist in 13 Jahren (Stand 2022)

Die Folgen:
- Berge bröckeln, weil das Eis, das sie zusammenhält, schmilzt
- Gletscher verschwinden und Wälder sterben
- Stürme nehmen an Häufigkeit zu
- Es gibt immer mehr und immer größere Waldbrände
- Dürren halten länger an
- Bei manchen landwirtschaftlichen Produkten sinken die Ernten bereits
- Flüsse und Seen trocknen durch Verdunstung und zu wenig Regen aus
- Der Permafrost in Kanada und Sibirien schmilzt, wodurch automatisch mehr Treibhausgase freigesetzt werden
- Wenn das Eis schmilzt, wird weniger Hitze in den Weltraum reflektiert, die Erwärmung erhöht sich.
- Wenn der Kipp-Punkt erreicht ist, gerät die Erderwärmung außer Kontrolle.
- Der große Teil des Planeten wird dann langfristig unbewohnbar."

Und weiter schreiben sie: **„Wir brauchen neue Werte. Und zwar jetzt!**

Die Corona-Pandemie hat die Welt, wie wir sie kennen, komplett aus den Angeln gehoben und uns vor allem eins aufzeigt: wie fragil unser Wirtschaftssystem ist. Selbst nach Jahrzehnten von unfassbarem Wirtschaftswachstum, Rekordumsätzen und Gewinnen, Aktienkursen im Höhenrausch, müssen wir schon wenige Wochen nach Ausbruch der Pandemie unsere Wirtschaft massiv finanziell stützen, damit sie nicht zusammenbricht. Millionen

Menschen sind bereits oder werden noch arbeitslos, und aufgrund fehlender Rücklagen werden unzählige Unternehmen vermutlich in die Pleite schlittern. All das, weil Menschen nur noch das kaufen, was sie wirklich zum Leben brauchen?! Wenn uns diese schlimmste Krise seit dem Zweiten Weltkrieg eines vor Augen führt, dann ist es, dass wir spätestens jetzt ein neues, radikal anderes „Normal" und eine grundlegende Neujustierung unseres Gesellschaftsmodells brauchen. Nach Corona kann es nicht weitergehen wie davor. Wir müssen die Wirtschaft komplett neu aufbauen, ausgerichtet auf den Wert des Menschen und seine wahren Bedürfnisse. Nur so kann nachhaltige Veränderung in allen gesellschaftlichen Bereichen, von Arbeitskultur bis Klimakrise, gelingen. »Unfuck the Economy«, fordert Waldemar Zeiler, Gründer und Mitinhaber des „fairstainable" Unternehmens Einhorn Products sowie einer der klügsten und herausforderndsten Player der Wirtschaftswelt, deshalb: für neue Werte, eine neue Wirtschaft und ein besseres Leben für uns alle!"

Aber es lässt immer noch die meisten Menschen und Kommunal- und Welt-Politiker weiter machen wie immer, Kriege führen (Ukraine, Taliban ...) Wahlkämpfer, Landes- und Kommunalpolitiker stützten Jahrzehnte das Ausbremsen der Energiewende), Bolsonaro holzt den Amazonaswald ungebremst ab und in Deutschland wollen alle weiter ohne Geschwindigkeitsbegrenzung möglichst schnell ein möglichst schweres Auto fahren und endlich wieder in den Urlaub fliegen! Und Herr Weselsky von der GDL streikte ohne Rücksicht munter für seine eigene Macht und verhindert so dem Umstieg auf ein klimafreundlicheres Verkehrsmittel, die Bahn! Um nur einige wenige Beispiele zu nennen. Viele Beispiele mehr gibt es bei Andreas Markowsky – Chef von Regiowind, Freiburg, in seinem Buch „Klimaschänder"

Der Spiegel zieht folgenden Vergleich:

„Wer im freien Fall dem Erdboden zurast, sollte nicht über die Kosten für den Fallschirm debattieren."

Wir jedoch – wir tun das – weiterhin und ungebremst! Nun, da gibt es natürlich einen Zusammenhang – mit unserer Wirtschaftsideologie, der neoliberalen Marktwirtschaft. Das möchte ich beleuchten.

Der Sturm des Neoliberalismus fegt über die Industriestaaten – und hinterlässt verbrannte Erde...

Das meine ich keineswegs nur ironisch, das gut bezahlte Leugnen des Klimawandels und hemmungslose Wüten des Neoliberalismus führte zu brutalsten Bränden in Australien, Kalifornien, Oregon, 2021, in Sibirien, in der Türkei, Griechenland, Italien, Spanien usw. und zum fortgesetzten Abbrennen der Amazons Wälder, die ja unsere „grüne Lunge" (eine Metapher) sein könnten und sollten. Bei mir erzeugte es ungläubiges Staunen, wie alle Schranken des Anstandes, der sozialen Verantwortung und des rationalen wirtschaftlichen Denkens einem untergeordnet wurden – der Gier. Die Klimawissenschaft forschte weiter, niemand nahm sie zur Kenntnis oder gar ernst. Ich mühte mich nun, die Grundlagen der Wirtschaftswissenschaften zu verstehen. Aber eine stringente Logik fand ich nicht. Bei mir erzeugte das schließlich **beißenden Sarkasmus und böse Satire:**

Im Westen was Neues:
Bibelexegese der Volkswirtschaftslehre!

*Eine ernst-satirische Glosse – geschrieben 2009,
update im Corona-Jahr 2020*

Im Anfang war Adam Smith. Geboren 1723 zu Kirkaldy in Scotland, Autor des Werkes „Wohlstand der Nationen", Schöpfer des Himmels und der Erde, nein der Volkswirtschaftslehre, gestorben und begraben 1790 zu Edinburgh. Sein Werk lebt, hinausgetragen in die Welt von Jüngern wir G. Mankiv, Autor der Principles of Economics, der Bibel von Erstsemestern der Volkswirtschaftslehre (VWL) rund um den Globus. In Kapitel 1 erläutert Adam Smith, wie die „unsichtbare Hand des Marktes" den Egoismus des Einzelnen in wachsenden Wohlstand für die Allgemeinheit auf wundersame Weise transformiert … „In Ewigkeit Amen!" möchte ich dazu betend abschließen.

Seit der Wirtschaftskrise 2008/2009 gibt es nun gar Häretiker (eindeutig vom sozialistischen Teufel Besessene…), wie Wirtschaftsprofessor Bofinger (also „linke Ökonomen"), wie Wirtschaftsnobelpreisträger Paul Krugman und z. B. meine winzige Wenigkeit (also Typen, die gar mit „biologistischen", also verhaltensbiologischen Argumenten kommen (Pfui Deubel! – wo doch Biologie in der Schule immer noch nur ein Wald- und Wiesen-Nebenfach ist).

Es gibt jedoch, so Die Zeit Nr. 34 2011 aber auch seriöse ProfessorInnen, wie Emma Rothschild, die sich ganz sachlich mit Smith auseinandersetzen: Wie war das mit der „unsichtbaren Hand"??? Diese Formulierung, wie wohl von hochkarätigen VWL-Wissenschaftlern millionenfach abgeschrieben, findet sich – so Prof. Rothschild – bei Smith auf 1097 Seiten genau **ein** einziges Mal. In Hunderten von Büchern anderer Autoren seiner Zeit findet sie sich aber „immer wieder", denn „Prediger benutzten sie damals regelmäßig, um Gottes Wirken in der Welt" zu beschreiben. Rothschild glaubt sogar, dass der Kirchenkritiker Smith das „nur ironisch gemeint haben kann". Denn er hat ja gleichzeitig auch eine Theorie der ethischen Gefühle geschrieben, sein Hauptwerk, in der er den Menschen ganz – neurobiologisch modern – als ein Wesen beschreibt, das nach Gerechtigkeit und Barmherzigkeit strebt.

Hat man da noch Worte? Es scheint also Adam Smith genauso zu gehen wie meinem wirklich bedauernswerten Charles Darwin, den kaum jemand gelesen (ich schon), geschweige denn annähernd verstanden hat, von dem aber fast jeder Philologe und Theologe heutzutage „weiß", dass er die Evolution beschreibt als brutalen und unmenschlichen „Kampf ums Dasein", bei dem der Stärkere schließlich den Schwächeren ausrottet... Dass die beschränkten Nazis den Darwin für Ihre Zwecke missbraucht haben, wissen wir. Aber dass heute noch gebildete Geisteswissenschaftler diesen Unsinn rezitieren, wie weiland zu meiner Studentenzeit Maoisten die Mao-Bibel, das ist leider oft noch so. Das setzte auch mir über die Jahre zu, es wirkte jedes Mal wie ein Kinnhaken, wie man Wissenschaft missdeuten und missbrauchen kann. Da tröstet es doch einen leidgeprüften Biologen, dass es Adam Smith wohl auch nicht besser gegangen ist... Nach vielen Jahren der Suche nach der Wahrheit der Volkswirtschaftslehre bleibe ich also bei der Bibel und spreche ihr nach: „Selig die

Armen im Geiste, denn Ihrer ist das Himmelreich". Zugegeben, das ist jetzt ein bisschen grob, wo doch inzwischen seit Trump Fake und Wahrheit zu einer braunen „Soße" verrührt worden sind. Und – Plagiatsjäger werden mir nun nachwiesen, dass ich teilweise aus einem ZEIT-Artikel einiges fast abgeschrieben habe. Sei's drum, ist ja auch super zusammengefasst! Und: „Wer von Euch ohne Sünde ist, werfe den ersten Stein"! Außerdem beanspruche ich dabei keinen Doktortitel!! Und ein Graf zu Guttenberg oder eine Frau Schavan bin ich auch nicht. Frau Schavan war mal als Kultusministerin meine Chefin und hatte Plagiatsprobleme bei ihrer Doktorarbeit. Von Arbeitseffizienz bei der Anpassung der Lehrpläne an G8 hatte sie keinerlei Ahnung.

Ich beschäftige mich schon lange mit Adam Smith, dem „Homo Oeconomicus" und den ziemlich üblen Folgen der „klassischen" VWL für Mensch und Natur… Viele sind überzeugt: „Geld regiert die Welt!" Ja – tatsächlich – das ist irgendwie schon richtig. Genau so richtig jedoch ist auch: „Geld verdirbt die Welt!!!" (Eigenzitat, ätsch) Und wie ist es mit dem Abschreiben? Warum enthielt Spinat über Jahrzehnte so viel wertvolles Eisen?? Weil es einmal falsch (Faktor 10) und dann tausendfach richtig (falsch) abgeschrieben wurde…

Ich gebe zu, dieser Abschluss bliebe so unvollständig. Wie kann denn dann ein Staat funktionieren, Armut bekämpft und nachhaltig Wohlstand geschaffen und der Erhalt unserer Erde gemeistert werden? DIE ZEIT schreibt: „Die Ökonomen müssten sich die Ergebnisse der neuen Smith-Forschung aneignen und dann mit Smith nach vorne denken!" Aber wie??? Deirdre Mc Closkey von der Uni Illinios in Chicago, später Harvard-Professorin hat diese Frage untersucht. Warum sind manche Länder so reich und andere so arm? Sie probierte von rechts nach links alle Erklärungsansätze aus, keiner konnte überzeugen. Dann griff sie zu Smith und ist überzeugt:

Auf die Werte kommt es an!! Ich mach's kurz – sein wichtigstes Zwischenergebnis:

Prosperierende Gesellschaften bauen auf sieben Tugenden auf:

Dazu gehören durchaus neben **Klugheit** auch **Eigennutz** – „aber eben nur als Zutat". Damit der Mensch nicht zum „Wolf" wird, müssen folgende Werte dazu:

Mäßigung –	das Gegenteil von Gier
Liebe –	Voraussetzung für Zusammenhalt
Sinn für Gerechtigkeit –	um den Eigennutz auszubalancieren.
Mut und Hoffnung –	damit Innovationen entstehen können und
Glaube an eine Identität –	damit wir uns von einer sicheren Basis nach vorne bewegen können.

McCloskey sagt, dass dann – aber nur dann – der Markt in der Regel „wie eine unsichtbare Hand" wirkt! Denn eine Gesellschaft ohne skrupellose Geschäftemacher, gierige Manager und korrupte Politiker wird es nur im „Ideal" geben. Also: Den gesellschaftlichen Idealzustand kann der Markt wohl nie erzeugen...

Da ich mich schon seit 5 Jahrzehnten (genau seit 1972) mit der Bedrohung durch den Klimawandel beschäftige, bin ich mir sicher, dass die unsichtbare Hand des Marktes allein keinesfalls die Energie-Wende zu einer fossilfreien Wirtschaft bewerkstelligen kann.

Seriöse Klarheit zu meiner Satire liefern mir viele Autoren, z. B.:

- „Unser Wohlstand und seine Feinde" von Gabor Steingart, Herausgeber Handelsblatt,
- „Schmerzgrenze" von Joachim Bauer, Neurobiologe, Freiburg,
- „Warum die Sache schief geht" von Karen Duve
- Frank Schirrmacher: EGO, Das Spiel des Lebens, Blessing Verlag
- Ganz neu 2021: „F*ck the System" von Graeme Maxton und Bernice Graeme-Lee

DIE ZEIT schreibt zu Karen Duwe: „Sie polemisiert schonungslos, intelligent und profund in der Streitschrift „Warum die Sache schiefgeht. Wie Egoisten, Hohlköpfe und Psychopathen uns um die Zukunft bringen" gegen die meist männlichen Entscheider in den Chefetagen, Regierungszentralen, Palästen der Scheichtümer und Tempeln der Kalifate, die alle zum Beispiel den dramatischen Klimawandel verdrängen" und – wie Putin oder Erdogan – rückwärtsgewandt alten Großmachts-Träumen frönen. Dabei hat es mindestens 300 000 Jahre gedauert, bis der Homo sapiens sapiens (meine freie Übersetzung: Der siebengscheite Mensch ☺) auf 3,5 Milliarden Exemplare anwuchs, zu meinen Lebzeiten – sogar erst, seit ich als 21-jähriger die Brisanz des Problems begriffen habe – allerdings nur weitere gut 40 Jahre, bis es doppelt so viele wurden, nämlich nun mehr als 7,6 Mrd.!

Der ehemalige Generalsekretär des Club of Rome, Graeme Maxton und seine Frau sagen nichts prinzipiell anderes.

Auch Frank Schirrmachers Buch **„EGO"** stützt meine These. Dazu eine Kolumne von Jakob Augstein am 11. Februar 2013.

„Der konservative Frank Schirrmacher hat ein Buch über den Irrsinn des totalitären Kapitalismus geschrieben. „Ego" ist ein intellektuelles Vergnügen und ein politisches Zeichen der Hoffnung: Der Widerstand wächst. Im Spiel will jeder gewinnen. Das ist die Bedingung der Spieltheorie. Damit lassen sich komplizierte Handlungsmuster beschreiben. Im Kalten Krieg haben amerikanische Militärs und Physiker die Sowjets mit den Instrumenten der Spieltheorie in die Knie gezwungen. Als es keine Sowjets mehr gab, sind die Physiker an die Wall Street gegangen und zwingen seitdem mit ihrer Theorie die Welt in die Knie. **Wir alle sind Opfer einer Ideologie des Egoismus. Sie wurde für eine Welt des Krieges entwickelt und verheert heute den Frieden. Eine Ideologie der Kälte und des Autismus. Eine Ideologie von Psychopathen für Psychopathen.** Das ist die Idee des neuen Buchs von Frank Schirrmacher. „Auf diese Idee muss man erst mal kommen", so Augstein weiter. „Aber es ist die Aufgabe von Intellektuellen, auf Ideen zu kommen. Schirrmachers neues Buch erinnert daran, dass wir gar nicht so viele Leute im Land haben, denen mal ein Licht aufgeht. Im neuen SPIEGEL hat Schirrmacher einen Essay über seine Thesen geschrieben. Es geht um den Informationskapitalismus, um die Algorithmen, die unsere digitale Wirklichkeit bestimmen und damit zunehmend auch die reale, und es geht um das abstruse Menschenbild der Wall-Street-Täter, für die das Leben ein Kampf und Kooperation eine Krankheit ist. Es geht um die Physiker, die zu Beginn des Atomzeitalters in die militärischen Labors strömten, und die dann nach dem Zusammenbruch des Ostblocks in die Banken und Investmentgesellschaften wechselten, weil dort Arbeit und Anerkennung winkten. Es geht um die sonderbare Verquickung von staatlichen und halb staatlichen Institutionen und Stiftungen mit militärischen und wissenschaftlichen Forschungseinrichtungen, vor allem um jene Rand Corporation, die bei der Geburt eines neuen, nur noch auf Selbstoptimierung ausgerichteten Menschentypus wegweisend war. **Auch wenn dieser Menschentypus dem gesunden Menschenverstand widersprach. „Ego" ist also ein Buch über den menschenverachtenden Irrsinn des totalitären Kapitalismus. Das Buch ist ein intellektuelles Vergnügen.** Vor allem aber ist die Tatsache, dass dieses Buch aus der Feder des konservativen Journalisten Schirrmacher stammt, ein weithin sichtbares politisches Signal: **Die Kapitalismuskritik ist inzwischen im Herzen des Kapitalismus angekommen.** Welche Wirkung wird sie dort entfalten?" Ich würde sagen, zu wenig Wirkung seit Erscheinen seines Buches!

Und Maja Göpel schreibt in ihrem Buch
Unsere Welt neu denken: Eine Einladung [6]

„Während alle auf das Virus starren, läuft eine Umverteilungsmaschine"**** Die Sozialwissenschaftlerin Maja Göpel sagt, Corona könne auch eine Chance sein:

**** Mitte Januar 2022 verbreiteten die Medien folgende Nachricht: Die 10 reichsten Menschen auf der Erde haben zusammen ein Vermögen von 1500 Milliarden Dollar. Das ist doppelt so viel wie zu Beginn der Pandemie!

für neue Solidarität und neues Wirtschaften. Aber vor allem sagt sie: „Auf einem begrenzten Planeten spiegelt ein Zuviel an einem Ort der Welt ja ein Zuwenig an einem anderen. Und mit der Fridays-For-Future-Bewegung war meines Erachtens bei vielen die Perspektive gekippt: von einer Verweigerung, planetare Grenzen anzuerkennen, in eine Sorge darüber, dass diese Grenzen ja wirklich existieren könnten. Und im ersten Corona-Lockdown mit den leeren Supermarktregalen war eine solche Erfahrung von Begrenzung zum ersten Mal real. Damit drängelte sich die zweite Frage, ob wir genug teilen werden, in die erste hinein und das sorgt für zusätzliche Unruhe. Ging es vorher um gerechtere Umverteilung des Zuwachses, geht es nun um den gerechten Zugang zu einem relativ stabilen Bestand, wie in der Krankenversorgung, und auch zu den Rettungsfonds. Es wird darum gerungen, ob sie alte Strukturen stützen oder doch den schon vorher deklarierten Strukturwandel, der auch mit Verweis auf Geldmangel immer wieder verschleppt wurde."

Das (beschränkte) Hirn des Homo oekonomicus

Satire 2010, also lange vor der Pandemie

Mir bleibt Zynismus aus Lebenserfahrung: Der wirtschaftlich denkende Mensch ist hoch angesehen, er trägt unseren Wohlstand, ist seine Zukunftshoffnung und strotzt vor Realismus. Er weiß, dass er die Welt versteht. Nur er versteht die Welt. Er liefert neben den Juristen die Topleute für Wirtschaft und Politik. Also die Winterkorns, Stadlers, Ackermanns, Musks, Bezos ... oder die Führungsriege der inzwischen leider immer noch neoliberalen FDP. Sie alle haben den festen Glauben, einzig die Welt wirklich zu verstehen und die Konzepte zu haben, wie die Probleme der Welt zu lösen sind. Sie glauben an die unsichtbare Hand, die wundersamen Kräfte des Marktes, an Adam Smith, den Gottvater der Volkswirtschaftslehre. Und sie glauben daran, dass Wachstum nicht nur notwendig ist, sondern der einzige Weg zu einer besseren Welt. Dabei scheinen sie mit einfachster Mathematik auf Kriegsfuß zu stehen. Exponentielles Wachstum in einer endlichen Welt, das kann nicht dauerhaft funktionieren. Exponentielles Wachstum trägt die Katastrophe in sich. Das lernt man heute schon in der Biologie/Ökologie in der Oberstufe des Gymnasiums. Überall, wo in der Natur exponentielles Wachstum auftritt, brechen Populationen oder Ökosysteme zusammen. Oder Individuen durch Krankheit, verursacht durch exponentielles Wachstum von Viren oder Bakterien. Basiswissen Ökologie, auch der Medizin. Aber Ökologie ist ja unwirtschaftlich, also eine weniger bedeutsame Wissenschaft. Deren Erkenntnisse passen nicht in das Glaubensbild der „Economics".

Die Natur – Physik und Biochemie – jedoch kümmert sich jedoch nicht um unsere Ignoranz, der Meeresspiegel ist für Wunsch – Argumente nicht empfänglich. Er verhandelt nicht, es ist ihm egal, was Klimawandel Leugner sagen und die Corona-Pandemie hat uns nun, im Jahr 2020 eindrucksvoll gezeigt, wer die Regeln auf Erden bestimmt und was exponentielles Wachstum ist.

Kerstin Andrae, die frühere Freiburger grüne MdB und zeitweise wirtschafts-politische Sprecherin der Grünen schrieb in Ihrem Vortrag: „Stetiges Wachstum nach heutiger Erfahrung heißt jedoch auch steigender Verbrauch endlicher Ressourcen. Unsere bislang praktizierte Art des Wirtschaftens ist mit vielfältigen und großen ökologischen Problemen in Umwelt und Natur verbunden; wir brauchen einen tiefgreifenden Wandlungsprozess, eine ökologische Transformation von Wirtschaft und Gesellschaft. Wie aber bringt man Ökologie und Ökonomie zusammen, wie können notwendige Wachstumsprozesse – bei uns und vor allem in Schwellenländern – sinnvoll und nachhaltig gestaltet werden?" Dabei geht es auch um die Instrumente:

Mit dem BIP messen Wirtschaftswissenschaftler den Wohlstand eines Landes – ein intelligentes Messsystem? So haben die 21 Milliarden Strafe für BP (British Petroleum) für die Umweltzerstörung durch die Explosion von Deep Water Horizon im Golf von Mexico das BIP der USA gesteigert! Logisch!?

Naomi Klein, kanadisch-amerikanische Autorin und Umwelt-Aktivistin sieht in Ihrem **Buch „This changes everything"**[7] folgenden Zusammenhang:

„So my mind keeps coming back to the question: What is wrong with us? What is preventing us from putting out the fire that is threatening to burn down our collective house? I think the answer is far more simple than many have led us to believe: We have not done the things that are necessary to lower emissions because those things fundamentally conflict with deregulated capitalism, the reigning ideology for the entire period we have been struggling to find a way out of this crisis. We are stuck because the actions that would give us the best chance of averting catastrophe – and would benefit the vast majority – **are extremely threatening to an elite minority,** that has stranglehold over our economy, our political process, and most of our major media outlets."

„Instead, large parts of the climate movement wasted precious decades attempting to make the square peg of the climate crisis fit for the round hole of the deregulated capitalism..."

„Stattdessen verschwendeten große Teile der Klimaschutz-Bewegung wertvolle Jahrzehnte, um das quadratische Problem der Klimakrise für das runde Loch des deregulierten Kapitalismus anzupassen"

Im Interview mit der ZEIT 26. März 2015/13 sagt sie auf die Frage von Thomas Schmidt, ob sie noch an die Kraft vernünftiger Argumente glaube: „Nein, ich glaube nicht mehr, dass rationale Argumente etwas an der Machtverteilung ändern...Früher habe ich, wie viele, daran geglaubt, dass kluge Bücher die Welt verändern können (siehe Kapitel „Gorillasyndrom"). Etwas später war ich dann ziemlich enttäuscht. Ich bin zu dem Schluss gekommen, dass Bewegungen die Welt verändern können"

Auch diese Erkenntnis lernte ich vor Naomi Klein zu fürchten und mit ihr zu teilen: Mein Glaube, dass rationale und wissenschaftliche Erkenntnisse und Einsichten die Menschheit dazu bringen könnten, auch unbequeme Dinge zu lernen, die nicht in das gerade herrschende ideologische Konzept passen und so das Leben auf der Erde verbessern zu können, dieser Glaube war naiv und dumm. Und meine Enttäuschung über die Menschen war groß. Wer die Macht hat – seien es Diktatoren, Magnaten oder Konzerne – nutzt in der Regel diese Macht zur Verbreitung seiner „Wahrheit", also zur Desinformation, von Trump und seiner Sprecherin als „alternative-news" salonfähig gemacht und die Lüge zur „alternative truth" verniedlicht und von Putin in brutaler Weise praktiziert. Im Tierversuch mit Primaten, z. B. mit Tupaias ist dies vielfach bestätigt: Der Sieger bzw. Mächtige kümmert sich nicht um den Verlierer. Es geht um Macht, nicht um Wahrheit oder Gerechtigkeit. Als Lehrer fragte ich mich oft, wozu brauchen wir überhaupt naturwissenschaftlichen Unterricht, wenn die Werbung, die sich ja viel stärker ins Bewusstsein der Jugendlichen einbrennt als der Unterrichtsstoff, dann den Strom dann als „Yellow" verkauft. Die Werbung hebt einen großen Teil des Gelernten wieder auf und ersetzt es durch irrationale Botschaften, die den Konsumbürger abhängig machen sollen. Im Zusammenhang mit dem Ausbremsen der Energiewende in den Jahren 2009 bis 2020 konnte ich beobachten, dass nicht nur Putin die Russen mit seinen

Faschistenmärchen perfekt desinformieren und manipulieren konnte, das gelang auch in unserer freiheitlichen Demokratie trotz der gefeierten Pressefreiheit der alten Energiewirtschaft ziemlich erfolgreich. In Zeiten Trumps konnte und musste man durchaus vom Ende der Aufklärung sprechen. Denn Fakten sind teilweise verhöhnt worden und Wahrheit in den sozialen Medien in bedeutsamen Teilen der Menschheit der Beliebigkeit gewichen. Ernst Ulrich von Weizsäcker fordert in seinen Vorträgen „eine neue Aufklärung"!

Und natürlich versuchte ich meine eigenen Gedanken zu ordnen, deshalb:

Meine Thesen zur Wirtschafts- und Umweltpolitik

- Seit Veröffentlichung der „Grenzen des Wachstums" durch Dennis Meadows und dem „Club of Rome" 1972 haben sich deren Vorhersagen in den wesentlichen Problemfeldern in den groben Grundzügen bewahrheitet, d. h. die Probleme haben sich deutlich verschärft. Dies gilt insbesondere für die Weltbevölkerungsexplosion, die Verelendung von Massen und ihrer Versklavung in der 3. Welt und der damit und mit unserer Ressourcenaufwändigen Lebensweise verbundenen Umwelt- und Klimazerstörung.
- Der neoliberale Kapitalismus ist ebenso wenig wie der Kommunismus in der Lage, die Probleme der Menschheit und Umwelt annähernd befriedigend zu lösen.
- Der neoliberale Kapitalismus ist keineswegs nur durch Wissenschaft, sondern auch sehr durch Ideologie geprägt und unterscheidet sich damit nicht prinzipiell von der kommunistischen Ideologie. **Die Vorstellung, dass das „freie Spiel der Kräfte" Wohlstand für alle bringen und der Markt „alles" regeln würde, hat sich weltweit und nun auch in der Bundesrepublik ad absurdum geführt.** (siehe auch Bibelexegese der Volkswirtschaft)
- Freies Spiel der Kräfte heißt in Wirklichkeit: Die rücksichtslosesten Egomanen häufen mit allen legalen und illegalen Methoden Milliarden an Kapital an, entziehen es über Steuerparadiese der Allgemeinheit, üben über ihr Kapital große politische Macht

ohne Legitimation aus und untergraben so das Gewaltmonopol des Staates.
- Aus den oben genannten Gründen müssen bei volks- bzw. betriebs-wirtschaftlichen Studiengängen naturwissenschaftliche Grundkenntnisse und insbesondere biologisch-ökologische Grundkenntnisse vermittelt werden. Dem „Markt" sind nämlich die biologischen und biochemischen Bedingungen des Lebens nicht bekannt. Der Biologieunterricht als „Nebenfach" an den Gymnasien ist allein dazu nicht ausreichend.
- Die Privatisierung staatlicher Firmen in der Bundesrepublik hatte für die Bürger wenige Vorteile, häufig jedoch gravierende Nachteile gebracht. Profitiert haben in der Regel Kapitalanleger. (Der Börsencrash brachte auch Verlierer, siehe „Volksaktie" Telekom; Manfred Krug schämt sich bis heute, dass er sein Gesicht für die Werbung dafür hergegeben hat)
- Sklaverei und Ausbeutung sind keineswegs abgeschafft, es sind heute weit mehr Menschen versklavt wie im 19 Jahrhundert, zum Beispiel in Katar zum Bau der Stadien für die Fußball-WM.

Die verelendeten Menschenmassen der 3. Welt (besonders in Afrika und Südamerika sind die Menschen ziemlich schutzlos der Covid 19 Pandemie ausgesetzt, weil sich die reichen Länder die teuren Impfstoffe gesichert haben – das könnte sich noch rächen, weil so gefährlichere Mutanten erzeugt werden) haben die gleichen Rechte auf ein menschenwürdiges Leben wie wir. Eine friedlichere Welt wird es nur geben, wenn der Wohlstand weniger nicht mehr auf der Ausbeutung massenhaft unterprivilegierter Menschen insbesondere der 3. Welt aufbaut.

(Dezember 2021: Es hat sich tatsächlich gerächt: Omikron vermasselte uns Weihnachten, Sylvester und die Rückkehr zur Normalität).
- Insbesondere Kinder brauchen definierte menschenwürdige Aufwuchs-Bedingungen, damit sie nicht beliebig ideologisch missbraucht und fehl geleitet werden können und als Erwachsene nicht irreversibel psychisch gestört sind. Verwöhnung – häufig praktiziert – ist dabei auch eine Form von Misshandlung.
- Es ist logisch nicht begründbar, warum es notwendig sein soll, dass einzelne Menschen einen Besitz von 100-ten Milliarden anhäufen dürfen, dieses Kapital der Allgemeinheit über Steuerparadiese weitgehend legal entziehen dürfen, während Millionen andere verelenden und verhungern. (siehe Panama-Papers)
- Es liegt in unserem verhaltensbiologischen Erbe begründet, dass Macht-Positionen tendenziell nicht von den für die Gemeinschaft am besten geeigneten Individuen erlangt werden, sondern eher durch egozentrisch rücksichtslose, deren Horizont nicht das Allgemeinwohl, sondern das eigene Ego als oberste Maxime hat. Angeborene Verhaltensdispositionen lassen sich jedoch sehr wohl durch Erziehung modifizieren. Gemeinschaftsbezogene Verhaltensweisen müssen durch Erziehung gefördert und von der Gesellschaft belohnt werden, nicht Geldadel und Promi-Ego-Nachahmung.
- Für die meisten großen Problemfelder der Menschheit stehen (natur-) wissenschaftliche Lösungen bereit. Verhindert wurden und werden diese Lösungen durch Machtverhalten von Menschen, das mit religiösen, traditionellen oder anderen ideologischen Argumenten verschleiert wird.

Helmut Schmidt: „Moralisch hat sich die Menschheit nicht entwickelt, seit Seneca, den alten Griechen nicht, technisch schon nur technisch!" (zu seinem 90. Geburtstag, Dez 08)

Na ja, so ganz exotisch alleine bin ich also mit meinen Ansichten ja nicht... Lesen Sie dazu ergänzend „Die Bestie muss sterben" von Michael Moore!

Spiegel Interview mit Michael Moore:
Die Bestie muss sterben! [11]

SPIEGEL: Mr. Moore, haben Sie selbst das Unheil der Finanzkrise kommen sehen? Moore: Ja. Ich habe schon im Mai 2008 angefangen, an meinem Film zu arbeiten, Monate vor dem Crash. Schon damals wurden Menschen auf die Straßfe gesetzt, stiegen die Immobilienzinsen bedrohlich, kletterte die Zahl der Bankrotte in den USA ebenso auf ein Allzeithoch wie der Schuldenstand der Kreditkartennutzer. Ich sage: Jeder hätte es sehen können. Ich habe nur eine Highschool-Bildung, ich bin ein Typ, der mit einer Baseball-Kappe auf dem Kopf herum rennt, aber ich sah es kommen. SPIEGEL: Warum waren Ihrer Meinung nach viele Fachleute trotzdem überrascht? Moore: Weil sie Lügner und zynische Schauspieler sind. Und wo waren unsere Medien? Am 15. September 2008 und an den Tagen darauf, als erst Lehman Brothers kollabierte und dann der Versicherungskonzern IG, da redeten alle Fernseh-Anchormen und alle Zeitungskommentatoren von einem Schock. Ich dachte nur: Wollt ihr mich alle verscheißern? So strohdoof könnt ihr gar nicht sein! Die Medienleute haben sich dumm gestellt, weil sie von den großen Konzernen und von der Wall Street finanziert werden.

SPIEGEL: Das ist doch Unsinn. Es gab genug Warnungen in den Medien der USA und Europas, nur haben die wenig gefruchtet. Moore: Dann ist doch auch das die Schuld der Journalisten! Ich will mir kein Urteil über Ihre Arbeit anmaßen, aber ihr Medienleute seid dafür verantwortlich, solche Warnungen eben nicht zu verstecken. SPIEGEL: Die wohl größte Überraschung in Ihrem neuen Film sind mehrere Geistliche und sogar ein katholischer Bischof, die dort den Kapitalismus verdammen und behaupten, er passe nicht mit dem Christentum zusammen. Gilt nicht gerade im Protestantismus amerikanischer Prägung irdischer Reichtum als Lohn für ein gerechtes Leben, als Beleg für Gottes Gnade?

Moore: Sie haben recht. Aber als mich einige meiner Mitarbeiter nach den ersten Testvorführungen baten, die Szenen herauszunehmen, in denen es heißt, der moderne Kapitalismus sei das Gegenteil von dem, was Jesus wollte, da beharrte ich darauf, dass diese Stellen drinbleiben. Denn ich bin genau dieser Überzeugung, seit ich als Teenager selbst Priester werden wollte. SPIEGEL: Sie erwarten das antikapitalistische Heil von der Religion? Moore: Ich will niemandem in privaten, religiösen Dingen hineinreden. Aber ich bin Dokumentarfilmer, und ich stehe ehrlich zu dem, was ich empfinde angesichts eines Systems, das zutiefst unfair ist und unmoralisch und undemokratisch. Es ist eine Schande, dass wir den Kapitalismus in seiner vorliegenden Form mit allen Auswüchsen tolerieren, obwohl die meisten Menschen genauso wie ich finden, dass er gegen die wichtigsten ethischen Grundregeln verstößt. SPIEGEL: Sind Sie selbst nicht auch Kapitalist? Sie haben doch mit Ihren Filmen viel Geld verdient.

Moore: Ich habe nie Aktien gekauft oder besessen, wenn Sie das meinen, ich habe nie an das System der Wall Street geglaubt.

SPIEGEL: Aber gegen Privatbesitz und Kleinunternehmertum haben Sie nichts?

Moore: Nein, ich respektiere Menschen, die Geld verdienen wollen, hart arbeiten und das gut machen. Ich habe nur etwas gegen Burschen, die Geld verdienen mit der Ausbeutung anderer. Wenn zehn Leute an einem Tisch sitzen und einer von ihnen sichert sich neun Stücke der Torte und die anderen kriegen nicht mal eins, dann ist das falsch und sollte nicht erlaubt sein. Leider ist genau das aus dem Kapitalismus geworden. Ich habe nichts gegen den Mann, der in seinem Laden Schuhe verkauft. Aber ich bin dagegen, dass er alle Schuhgeschäfte in der Stadt besitzen will, sodass wir nur noch bei ihm Schuhe kaufen können. Sein Recht, Geld zu verdienen und alles aufzukaufen, wird durch unser Recht, eine Wahl zu haben, beschränkt. Ich glaube, so eine Moral brauchen wir.

SPIEGEL: Das ist aber nicht der Geist, auf dem der Reichtum Ihrer Nation fußt, der Pioniergeist, in dem vor 150 Jahren Amerikas Westen erobert wurde.

Moore: In der Zeit seither hat sich alles komplett verändert. Natürlich ist Gier ein Teil der menschlichen Natur. Deshalb brauchen wir Regeln in unserer Gesellschaft, deshalb sollten wir unsere niedrigsten Instinkte zähmen. Der Kapitalismus stachelt diese niedrigen Instinkte nur immer weiter an: Schlag deinen Nächsten, zeig ihm, dass du überlegen bist! **Deshalb halte ich den Kapitalismus für nicht reformierbar. Er muss eliminiert werden. Es ist verrückt, etwas reformieren zu wollen, das von Grund auf falsch ist.**

SPIEGEL: Wie sieht Ihre Alternative zum Kapitalismus denn aus? Die real existierenden Alternativen in der Geschichte haben alle versagt.

Moore: Ich möchte Demokratie.

SPIEGEL: Die haben wir doch in Amerika und Europa. Aber Demokratie ist kein Wirtschaftssystem.

Moore: Stellen Sie sich eine Welt vor, in der die Menschen wirklich etwas zu sagen haben, in der Menschen wie Sie und ich mitbestimmen dürfen, nicht nur, ob ich mir diese Brille oder jene Brille kaufen will, sondern ob etwas und wie etwas sinnvoll produziert werden soll. Als Erstes würde ich verfügen, dass Banken nur unter strenger Kontrolle arbeiten dürfen. Ich wünsche mir Staatsbanken, die dem Land gehören, als gemeinnützige Institutionen, die jenen Menschen Geld leihen, die es brauchen.

SPIEGEL: In Deutschland haben sich gerade staatliche Banken schlimm verspekuliert. **Moore: Ja, weil ihre Chefs glaubten, es sei eine tolle Idee, den amerikanischen Bankern nachzueifern und jenseits aller moralischen Regularien zu arbeiten. Ich finde überhaupt: Je mehr Deutschland glaubt, es den USA gleichtun zu müssen, desto mehr Probleme handelt es sich ein.** Sie werfen Ihr soziales Sicherheitsnetz über Bord – und schon vertieft sich die Kluft zwischen Arm und Reich.

SPIEGEL: Gibt es ein Land oder ein System, heute oder aus früheren Zeiten, das Sie als Vorbild für eine post-kapitalistische Welt ansehen?

Moore: Man hat über ein vernünftiges ökonomisches System für das 21. Jahrhundert einfach noch nicht richtig nachgedacht. **Wir waren zu lange gefangen in der Gegenüberstellung von Kapitalismus und Sozialismus.** Jetzt sollten wir uns fragen, in welcher Welt wir leben wollen. Vielleicht ist in diesem Wunschsystem eine große Dosis Sozialismus enthalten. In Skandinavien herrscht ein System, in dem die Leute hohe Steuern zahlen und trotzdem ziemlich glücklich sind, weil sie dafür etwas zurückbekommen: soziale Leistungen, die den Einsatz rechtfertigen.

SPIEGEL: Sie empören sich in Ihrem Film sehr über das 700-Milliarden-Dollar-Rettungspaket der Regierung für die angeschlagenen Banken. Woher wollen Sie wissen, dass es ohne diese Hilfe nicht viel schlimmer gekommen wäre?

Moore: Ich weiß es nicht. Aber ich weiß, dass es vollkommen wahnsinnig war, dieses Geld nicht an Bedingungen zu knüpfen, es ohne jede Kontrolle einfach herzugeben. Verdammt, warum hat man das getan! Die Politiker hätten sagen sollen: Ihr Banker habt es versaut, nun seid ihr auf uns angewiesen. Richtet es, aber dafür wollen wir künftig am Drücker sein. Wir wollen nicht selber die Autoindustrie übernehmen oder das Bankgeschäft, aber wir wollen die Regeln festlegen. Genau das hat man versäumt – und was passiert? Die Banker tun es wieder! Sie werden nicht aufhören! **Der Kapitalismus ist eine Bestie, und die ist hungrig, 24 Stunden am Tag und sieben Tage in der Woche. Deshalb muss die Bestie sterben.**

SPIEGEL: Ihr Film zeigt Menschen, die mit einem Räumungsbescheid aus ihrem Haus geworfen werden, aber er sagt nicht, ob diese Menschen selber Mist gebaut haben. Warum gehen Sie so einseitig vor?

Moore: Ich finde, dass es an sich unmoralisch ist, Menschen aus ihren Häusern zu jagen, nur weil sie ihre Raten oder ihre Rechnungen nicht mehr bezahlen können. Diese Leute haben keine Verbrechen begangen, sie waren nur möglicherweise nicht klug, sie haben dumme Verträge unterschrieben und das Kleingedruckte nicht gelesen. Aber wenn ich einen Film über Vergewaltigung mache, frage ich die Opfer auch nicht, welche Kleider sie getragen haben und ob sie die Tat womöglich provoziert haben.

SPIEGEL: Und Präsident Barack Obama, den Sie in Ihrem Film anhimmeln, soll dabei helfen?

Moore: Ich glaube in der Tat, es braucht Politiker wie ihn. Ich bin kein Demokrat und kein Republikaner. Mein Job ist es, ein scharfes Auge zu werfen auf die Leute an der Macht. Deshalb berichte ich in meinem Film über die Millionenspende von Goldman Sachs für den Wahlkampf von Obama. Ich präsentiere diese vergessene Tatsache nur für einen einzigen Zuschauer in diesem Film, für den Zuschauer Barack Obama. Ich möchte, dass er, wenn er den Film sieht, weiß: Michael Moore ist zwar auf meiner Seite, aber er ist auch hinter mir her.

SPIEGEL: Mr. Moore, haben Sie über Ihre Abneigung gegen den Kapitalismus hinaus etwas dazugelernt in der Krise? Moore: Ja. Ich habe nicht gewusst, dass es so viele hochbegabte junge Leute gibt, die direkt in die Finanzwelt gehen. **Unsere besten Ingenieure, Physiker, Mediziner und Mathematiker benutzen dort ihr tolles Gehirn, um sich neue teuflische Finanzprodukte auszudenken.** Wir können viele Krebserkrankungen immer noch nicht heilen, es fehlt uns an neuen Energien gegen die globale Erwärmung, und dann verschwenden wir derart unsere Intelligenz, all unseren Reichtum. **Das ist so falsch!**

INTERVIEW: WOLFGANG HOBEL, DANIEL SAND»

Der Südkurier schrieb nach den Londoner Krawallen im Sommer 2011: „In England holen sich Jugendbanden das aus den Geschäften, was ihnen seit mindestens

3 Jahrzehnten als einzig erstrebenswerter Besitz vorgegaukelt wurde, aber für Kinder der stetig weiter verarmten Unterschicht unerreichbar bleibt. In Spanien, Israel und in den arabischen Ländern begehren Jugendliche auf und wollen das Primat der Demokratie vor der Macht des Kapitals wieder herstellen".

Dabei ist die menschliche Natur ganz anders, als uns die Propheten des Kapitalismus vorgegaukelt hatten ...
Deshalb meine Buchempfehlung zur Korrektur des Horror- Welt- und Menschenbildes der kapitalistischen Wirtschaftstheorie (z. B. Friedman):

Das Prinzip Empathie von Frans de Waal

Was wir von der Natur über eine bessere Gesellschaft lernen können... [12]

Kommentierte Auszüge von Friedrich Merkle (meine Ergänzungen sind kursiv gedruckt)

Vorwort „Gier ist out. Empathie ist in".

„Die globale Finanzkrise von 2008 hat zusammen mit der Wahl eines neuen amerikanischen Präsidenten eine erdrutschartige Veränderung der Gesellschaft bewirkt. Viele hatten das Gefühl, sie erwachten aus einem bösen Traum über ein riesiges Casino, in dem das Geld der Menschen verspielt wurde, wobei sich ein paar Glückliche bereicherten, ohne sich im Mindesten um den Rest der Menschen zu scheren. Dieser Albtraum begann ein Vierteljahrhundert zuvor mit der Trickle-down-Wirtschaftstheorie von Reagan und Thatcher und der beschwichtigenden Versicherung, man könne auf die wunderbare Selbstregulierung des Marktes vertrauen. Daran glaubt heute niemand mehr". (*Ich zumindest nicht mehr, siehe die Finanzturbulenzen 2008/2009*)

„Wir brauchen eine Generalüberholung unserer Annahmen über die menschliche Natur. Zu viele Wirtschaftswissenschaftler und Politiker machen sich Ihr Bild von der menschlichen Gesellschaft nach dem ewigen Kampf, der angeblich in der Natur tobt, jedoch in Wahrheit eine reine Projektion ist. Wie Zauberkünstler werfen sie ihre ideologischen Vorurteile zunächst in den Hut der Natur und ziehen sie anschließend an den Ohren wieder heraus, um zu zeigen, wie sehr die Natur mit ihnen übereinstimmt. Auf diesen Trick sind wir schon viel zu lange hereingefallen". S.18 ff

„Bindungen sind unentbehrlich für unsere Art und unser wichtigster Glücksfaktor. ... Seit Jahrzehnten steigt der Lebensstandard stetig, aber hat das unseren Glücksquotienten verändert? Nicht im Geringsten. Nicht Geld, Erfolg oder Ruhm sind für die Menschen am zuträglichsten, sondern die Zeit, die sie mit Freunden und Angehörigen verbringen". S.27 ff

„Die These von der Einzigartigkeit des Menschen mag schwer aufrechtzuerhalten sein... Auf dem Gebiet von Kultur und Technik entwickelten Menschen wirklich beeindruckende Fähigkeiten... Dennoch: **Ich glaube, dass wir Tiere sind**, während viele Leute uns für etwas ganz anderes halten. Diese Aussage zu machen ist heute ähnlich gefährlich und bringt einen in eine ähnliche Außenseiter-Position wie einst Galileo Galilei, der dem kopernikanischen System abschwören musste. Zwar wird man heute nicht mehr auf dem Scheiterhaufen verbrannt, aber die sozialen Ausgrenzungen durch Kleriker und Philologen können auch vernichtend wirken" (in seltener Einigkeit mit den meisten Nichtbiologen sprechen sie von „Biologismus"). „Und bei den Islamisten gibt es ja immerhin noch die Fatwa..." S.31 ff

Ich weiß, für christlich geprägte Menschen ist es ein Tabubruch, den Menschen – die selbst ernannte „Krone der Schöpfung" mit Tieren gleich zu stellen. **Dabei geht es jedoch keineswegs um eine Abwertung des Menschen, vielmehr um eine Aufwertung der gesamten** fantastischen Natur, deren Teil wir sind. Die ist zur Erhaltung unserer bedrohten Erde dringend von Nöten! Nicht nur wir Menschen sind faszinierende Geschöpfe, Flora und Fauna und die ganze Biosphäre sind ein unfassbares Faszinosum und Juwel.

„**Wir sind in geradezu erschreckendem Maße Herdentiere.** Da politische Führer Meister der Massenpsychologie sind, kennt die Geschichte eine Fülle von Beispielen, wo Menschen solchen Figuren scharenweise in fatale Abenteuer folgten. Ein Führer braucht nichts anderes tun, als eine äußere Gefahr oder einen „Feind" zu erfinden." (wie Putin mit seinen Nazis in der Ukraine)

„Damit gelangen wir zum **3. falschen Ursprungsmythos, der besagt, unsere Spezies hätte Krieg geführt, solange es sie gibt...** Doch es gibt aus der Zeit vor der neolithischen Revolution keine Funde, die in ähnlicher Weise kriegerische Betätigung belegen (etwa Gräberfelder mit Waffen, die in Skeletten stecken)... Auf lange Sicht ist das Umbringen von Verwandten kein evolutionär erfolgreiches Merkmal". S. 38

Diese Sichtweise bestätigt auch Rütger Bergmann in seinem Buch „Im Grunde gut" und in Geo 1/22: **Seine Grundaussage dabei lautet „Die Evolution hat uns freundlich gemacht."**

„Vergleiche mit Affen tragen kaum zur Klärung dieser Frage bei. Wie wir führen Schimpansen heftige Kämpfe um ihre Territorien. Genetisch betrachtet, ist unsere Art genauso eng verwandt mit einer anderen Affenspezies, den Bonobos, die nichts dergleichen tut. ... Bislang ist kein Fall von tödlicher Aggression unter Bonobos bekannt geworden".

Der Krieg scheint also weniger ein Produkt des Aggressionstriebes als ein gewaltsamer Konflikt um Macht und Profit zu sein" ... (also ein erlerntes Verhalten). Dem Machttrieb des Menschen liegt jedoch ohne Zweifel ein angeborener Trieb zugrunde, in meinen Augen mindestens ebenso stark wie der Sexualtrieb.

„So viel zu den westlichen Ursprungsgeschichten, die unsere Vorfahren als wüst, furchtlos und frei schildern. Ohne soziale Verpflichtungen und gnadenlos gegenüber ihren Feinden scheinen sie direkt aus einem der gängigen Actionfilme zu kommen. Das politische Denken unserer Tage hält an diesen Macho-Mythen fest, so etwa an der Überzeugung, wir könnten mit unserem Planeten nach Belieben umspringen, die Menschheit würde bis in alle Ewigkeit Krieg führen und unsere individuelle Freiheit hätte Vorrang vor der Gemeinschaft".

Der andere Darwinismus

Vor langer Zeit machte die amerikanische Gesellschaft den Wettbewerb zu ihrem wichtigsten Organisationsprinzip, obwohl man, wo immer man hinschaut, die gleiche Wertschätzung für Familie, Gemeinschaftsleben, Kollegialität und Bürgersinn findet wie überall auf der Welt... An der amerikanischen Politik verblüfft allein ihr Umgang mit Biologie und Religion. Die Evolutionstheorie erfährt erhebliche Bedeutung am konservativen Ende des Spektrums, allerdings nicht so, wie es die Biologen es gerne hätten.

In der obskuren Gestalt des „Sozialdarwinismus" leidenschaftlich umarmt, aber empört abgelehnt,

sobald das helle Tageslicht auf den realen Darwinismus fällt. 2008 hoben bei einer Präsidentschaftsdebatte der Republikaner nicht weniger als 3 Kandidaten die Hand bei der Frage: „Wer glaubt nicht an die Evolution?" Kein Wunder, dass die Schulen zögern, die Evolutionstheorie in ihren Lehrplan aufzunehmen. **Die Hassliebe zur Biologie ist das erste große Paradox der amerikanischen Politik.**

Im Sozialdarwinismus geht es um das, was Gordon Gekko den „evolutionären Geist" nannte. Dort wird das Leben als Kampf beschrieben, in dem die, die es schaffen, sich nicht von denen herunterziehen lassen dürfen, die es nicht schaffen. Diese Ideologie wurde im 19. Jahrhundert von dem britischen Philosophen Herber Spencer eingeführt, der die Naturgesetze in die Sprache der Geschäftswelt übersetzte und dabei die Wendung „Überleben des Tüchtigsten" (häufig fälschlicherweise Darwin zu geschrieben) Es sei kontraproduktiv, wenn der „Tüchtige" sich in irgendeiner Weise dem „Untüchtigen" verpflichtet fühle. **„Alles Streben der Natur geht dahin, dieser Leute ledig zu werden, die Welt von ihnen zu befreien und Platz für bessere zu schaffen".** Der wahre ideologische Vater Hitlers hieß also wohl Spencer und war Engländer.

Während jenes Buch (Anm.: die Bibel), das in jedem amerikanischen Hotelzimmer zu finden ist, uns auf fast jeder Seite zur Nächstenliebe auffordert, spotten die Sozialdarwinisten über solche Gefühle. **Armut wird als Beweis von Faulheit und soziale Gerechtigkeit als Schwäche diffamiert. Ich kann nicht recht begreifen, wie sich Christen ohne ein hohes Maß an kognitiver Dissonanz eine so harsche Ideologie zu**

eigen machen können, und doch scheint es bei vielen der Fall zu sein.

„Das 3. Paradox liegt darin, dass dieses Bekenntnis zur wirtschaftlichen Freiheit die besten und schlimmsten Seiten der Menschen zum Vorschein bringt. Die schlimmste ist der oben erwähnte Mangel an Mitgefühl, zumindest auf staatlicher Ebene, doch es gibt auch eine gute Seite der amerikanischen Gesellschaft und das ist die Leistungsorientiertheit".

„Warum fanden Spencers Ideen so offene Ohren? Mir scheint, er bot einen Ausweg aus dem moralischen Dilemma, das die Menschen gerade erst wahrnahmen. In früheren Zeiten brauchten die Reichen keine Rechtfertigung, um die Armen zu vernachlässigen. Mit ihrem blauen Blut hielten sich die Aristokraten für eine andere Rasse... sie hatten keine Skrupel, in Saus und Braus zu leben, Fleisch im Überfluss zu genießen, edle Weine zu schlürfen und in vergoldeten Kutschen herumzufahren, während die Massen dem Hungertod nahe waren. All das änderte sich mit der industriellen Revolution, als sich eine neue Oberschicht bildete: In ihren Adern floss zweifelsfrei das gleiche Blut. **Mussten sie dann ihren Reichtum nicht teilen?** Doch das widerstrebte ihnen, und **sie waren begeistert zu hören, dass es absolut rechtens war, sich nicht um die Menschen zu kümmern**, die für sie arbeiteten... Insoweit sich solche Argumente auf vermeintlich natürliche Gegebenheiten berufen, sind sie schon im Ansatz falsch. Gegenseitige Hilfe ist zu einem festen Bestandteil moderner Evolutionstheorien geworden."

Im Folgenden belegt Frans de Waal die Bedeutung des kooperativen und empathischen Verhaltens bei

Primaten und höheren Säugetieren an vielen wissenschaftlich korrekt untersuchten Beispielen. An den genetischen Grundlagen dieses Verhaltens schon im Tierreich kann also kein Zweifel sein! Ein aktuelles Beispiel aus:
Bild der Wissenschaft, 09.08.2011 – Biologie

Studie zeigt: Auch Schimpansen denken an das Wohl von Artgenossen

„Der andere Affe soll auch eine Banane bekommen!"
„Dieses selbstlose Prinzip haben US-Forscher jetzt bei Schimpansen beobachtet. Wenn die Versuchstiere die Entscheidung treffen durften, ob sie nur alleine mit einer leckeren Frucht belohnt wurden oder ob ein Artgenosse ebenfalls etwas zu futtern bekam, wählten sie häufiger die zweite Variante. Damit zeigen die Tiere ein Verhalten, das eigentlich als typisch menschlich galt. Denn bisher nahmen Experten an, der Altruismus des Menschen sei erst entstanden, nachdem sich die Entwicklungslinien von Mensch und Schimpanse vor etwa sechs Millionen Jahren trennten."

Und: Schon Babys wissen, was gerecht ist

„Kleinkinder ab einem Alter von 15 Monaten entwickeln einer Studie zufolge bereits einen Sinn für Fairness und Gerechtigkeit. Die Untersuchung wurde von Wissenschaftlern der Universität in Washington und Kollegen vom Max-Planck-Institut für evolutionäre Anthropologie in Leipzig durchgeführt. Die Forscher führten dafür 47 Kleinkindern Videos vor, in denen zwei Personen etwas zu essen oder zu trinken bekamen. In einem Film erhielten beide Testpersonen die gleiche Menge, in dem anderen bekam einer deutlich mehr. Beim Sehen der Videos wurden die Kinder beobachtet, und die Forscher entdeckten, dass die Babys unterschiedlich überrascht reagierten, weil eine Versuchsperson weniger erhielt als die andere. 92 Prozent der Kinder, die sich überrascht zeigten, gaben später bei einem weiteren Test auch bereitwilliger ihr Lieblingsspielzeug her". StZ, 8. Oktober 2011

Mein Fazit und meine über Jahre gewonnene Überzeugung: Das von Wirtschaftstheoretikern entworfene Modell des „HOMO Oekonomicus" ist mindestens ein ebenso realitätsfremder Unsinn wie das kommunistische Manifest. Es ist für die Verarmung und Zerstörung von Millionen Menschen ebenso mit verantwortlich wie für die rapide fortschreitende Zerstörung unserer Lebensgrundlagen. Wir brauchen eine Korrektur unseres Menschenbildes auf der Basis der Ergebnisse der Verhaltensforschung und ein den Bedürfnissen der Menschen besser angepasstes Wirtschaftssystem!

Nun hatte ja sogar Jean-Claude Trichet als Chef der EZB zugegeben, Europa stecke in der schwersten Krise seit dem 2. Weltkrieg. Und Frank Schirrmacher, Mitherausgeber der konservativen FAZ, schreibt in der FAZ Sonntagsausgabe vom 14.08.2011, „die bürgerliche Politik, ob konservativ oder sozialdemokratisch", sei „bankrott". „Nach 30 Jahren Globalisierung werde klar, dass die „linken" Ideen zur Führung einer Gesellschaft wohl doch die besseren seien als die „rechten". Dabei stützt er sich auf den erzkonservativen Thatcher-Biographen Charles Moore, der ähnliche Gedanken geäußert hat, nachdem er die Privatisierung gigantischer Gewinne *durch die Finanzindustrie bei gleichzeitig immer stärkerer Belastung des Mittelstandes und der unteren Einkommensschichten durch die Sozialisierung der Verluste genau dieser Finanzindustrie beobachten musste". Jochen Kelter schreibt für den Südkurier, „Wissenschaft, Publizistik und europäische Notenbank" seien zu einem „ähnlichen, ernüchterten Fazit" gekommen. „Denn die bürgerliche Politik kennt nur eine Antwort auf die Krise. Eine Politik der Austerität (Austerität: von lat. austeritas, dt. Strenge, Herbheit, findet im ökonomischen Sinne Verwendung als Bezeichnung für eine strenge Sparpolitik des Staates), eine weitere Umverteilung von unten nach oben. Während die Wachstumsraten des BIP weltweit rückläufig sind, steigen die Gewinne der Finanzindustrie weiter...", so Kelter. „In England holen sich Jugendbanden das aus den Geschäften, was ihnen seit mindestens 3 Jahrzehnten als einzig erstrebenswerter Besitz vorgegaukelt wurde, aber für Kinder der stetig weiter verarmten Unterschicht unerreichbar bleibt." In Spanien, Israel und in den arabischen Ländern begehren Jugendliche auf. In der Zeit Nr. 49 vom 1. Sept 2011 schreibt jedoch Jens Jessen in seinem Essay „Unterwegs zur Plutokratie":***** „Die friedlichen wie stumm randalierenden Protestzüge zeigen vor allem ein Bild ungeheurer Entmutigung... Wo aber stumme Duldung die einzig empfohlene Haltung bleibt, hat sich das Politische tatsächlich verflüchtigt und keine demokratische Adresse*

***** **Plutokratie** (griechisch πλουτοκρατία plutokratía ‚Reichtumsherrschaft', von πλουτος plútos ‚Reichtum' und κρατείν kratín ‚herrschen') ist eine Herrschaftsform, in der Herrschaft durch Vermögen legitimiert wird, also die Herrschaft des Geldes.

mehr. Wenn ein so gewaltiger Lebensbereich wie die Wirtschaft, die dazu noch viele weitere Lebensbereiche tyrannisch bestimmt, der gesellschaftlichen Gestaltungskraft entzogen wird, ist auch Demokratie sinnlos. Eine Demokratie, die sich darauf beschränkt, Rauchverbote zu erlassen..., aber die eine große Macht, die alles gängelt, nicht beherrschen kann, ist das Papier nicht wert, auf dem ihre Verfassung gedruckt wird." Es geht also darum, das Primat der Demokratie vor der Macht des Kapitals mit einem irrwitzigen und gefährlichen Menschenbild wieder herstellen. Das gilt natürlich auch für das Primat der seriösen Wissenschaft vor der „alternative truth" und den Fake News Blasen der sozialen Medien. Das wird allerhöchste Zeit!!

Muße ist der schönste Besitz von allen.
Sokrates, griech.
Philosoph (470-399 vor Christus)

In den 2 folgenden Abhandlungen möchte ich ihnen die Denkweise der Verhaltensbiologie nahebringen, aber auch den ganz konkreten Bezug zu meiner nicht ganz einfachen Lebensgeschichte. Es geht um „Magnaten und Primaten" und um das „Gorilla-Syndrom", das destruktive menschliche Machtverhalten – in meinen Augen der stärkste und am wenigsten kontrollierte Trieb des Menschen.

Magnaten und Primaten und auch wir!???

Provozierende Thesen der Verhaltensbiologie

Konrad Lorenz, Vater des Schlüsselreiz-Konzepts,
hier roter Mund

Einführung:
Als ich in meinem ersten Biologie-Semester hörte, dass Konrad LORENZ noch und zum letzten Mal vor seiner Emeritierung seine Vorlesung hält, musste ich da hin, egal ob es zu meinem Studienplan passte oder nicht. Ihn zu erleben war ein prägendes Erlebnis, vor uns stand kein Professor, der abstrakte und lebensfremde Wissenschaft dozierte, vor uns stand ein Großvater, der menschliche

Wärme und sprühende Begeisterung gepaart mit analytischem Verstand ausstrahlte. Mir war schnell klar, dass er sehr Wichtiges zu sagen hatte, dass er meine Widersprüche und Lücken im Menschenbild, das ich in der Schule gelernt hatte („Edel sei der Mensch, hilfreich und gut...") und der brutalen Realität, die ich teilweise schon als Kind erlebt und über den 2. Weltkrieg in der Schule gelernt hatte, erklären konnte. Ich hörte fasziniert zu und sog seine Worte auf. Von der Pike auf gelernt habe ich Verhaltensbiologie dann einige Semester später bei seinem Nachfolger Prof. Eibl-Eibesfeldt.

Haben sie sich schon mal gefragt, wie viele Bombenattentate, Morde, Grausamkeiten usw. jährlich im Namen Allahs oder anderer Götter begangen werden oder in der Geschichte begangen wurden. Gott ist doch gut und hält den Menschen an, Gutes zu tun. Wie kann er den Menschen zu Mord anleiten?

Haben Sie sich schon mal gefragt, warum der Sozialismus, der sich doch die Gleichheit (Egalite, Fraternite, Humanite...) der Menschen als Ziel gesetzt hat, so kläglich gescheitert ist...?

Haben Sie sich schon mal gefragt, warum das soziale „Modell Deutschland" (Helmut Schmidt), das doch Welt-Vorbild in Sachen sozialer Gerechtigkeit sein wollte, so gigantisch in Schwierigkeiten gekommen, vielleicht sogar gescheitert ist, wo doch für Gesundheit in Deutschland bisher weltweit am meisten Geld ausgegeben wird (dabei sind die Deutschen gar nicht gesünder als andere) und wo es doch so sozial ungerecht ist, dass medizinische Leistungen für Arme nun schwerer zu bezahlen sind als für Begüterte...

Haben Sie sich schon mal gefragt, warum Deutschland bei der Pisa-Studie so schlecht abgeschnitten hat, obwohl für unsere Bildung so viel Geld ausgegeben wird und Schule und Bildung für alle „umsonst" ist...

Schon immer wurden Autos beworben mit attraktiven jungen Frauen

Sie haben sich sicher schon mal gefragt, warum jedes Produkt (z. B. Autos) sich am Besten mit Sex verkauft (IAA September 03) ... Sie haben sich sicher schon mal gefragt, warum so viele Ehen geschieden werden, wo doch für die Kinder die Familie der gesündeste Ort des Aufwachsens ist...

Haben Sie sich schon mal gefragt, warum Männer so häufig untreu sind und so viel Schaden für die Familie und sich selbst anrichten, da die Frauen ihnen dann häufig die Kinder entziehen und sie nur noch zahlen dürfen?...

Sicher haben Sie sich schon gefragt, warum gerade heute so viele junge Mädchen – in der Regel intelligente, gute und aufgeweckte Schülerinnen – an Magersucht oder Bulimie leiden, wo doch gleiche Bildungschancen für Mädchen Realität geworden sind...

Sicher haben Sie sich schon mal gefragt, warum unsere Politiker immer nur von ihrer Verantwortung für den Wähler reden, aber tatsächlich nur streiten, sich gegenseitig schlecht machen und faktisch häufig vor allem nach Ihrer Macht Mehrung streben und in der Regel die Interessen ihrer Partei und ihre eigenen Interessen verfolgen, statt die Interessen der Bürger ...

Haben Sie sich schon mal gefragt, warum die öffentlichen Kassen so leer sind und trotzdem so viel öffentliches Geld leichtfertig und verantwortungslos ausgegeben wird (laut Rechnungshof circa 50 Milliarden jährlich)...

Haben Sie sich schon mal gefragt, warum es so viel Sand im Getriebe im Arbeitsleben (Mobbing (der volkswirtschaftliche und gesundheitliche Schaden ist vielen Studien zu Folge Milliarden schwer), Betrug, kriminelle Konkurse usw.) gibt, wo es doch im Interesse aller Mitarbeiter läge, wenn eine Firma optimal betrieben wird, warum die Übergabe von Familienbetrieben auf die junge Generation zwischen Vater und Sohn in der Regel nicht klappt...

Haben Sie beruflich oder privat nicht auch schon mal versucht, mit Ihrem Gegenüber eine sachliche und rationale Diskussion zu führen und sind auf Granit gestoßen. Der oder sie wollte Sie einfach nicht verstehen, sondern dominant sein. Er hatte nicht die besseren Argumente, er wollte einfach Recht haben und sich durchsetzen und da er die Macht hatte, hat er sich natürlich durchgesetzt...

Haben Sie sich schon mal gefragt, warum die Zahl verhaltensauffälliger Kinder in Deutschland immer mehr zugenommen hat, obwohl doch die materiellen und hygienischen Lebensbedingungen immer besser und im Vergleich zu vielen Ländern traumhaft sind...

Ich höre jetzt auf, obwohl ich noch viele solche Fragen stellen könnte!

Für jede dieser Fragen gibt es einfache, vordergründige Antworten, sicher fallen Ihnen selbst einige ein, z. B. wird eine betrogene Frau sagen, „die Männer sind schlecht" und ein Mann, der wie ein Hund leidet, dass seine geschiedene Frau ihm den Kontakt zu den Kindern verweigert, wird sagen „meine Ex-Frau ist eine böse Xantippe, wie konnte ich nur auf sie hereinfallen" ...

Meine provozierende These jedoch ist:

Vieles liegt an unserem sehr wenig realistischen Menschenbild, das die biologische Natur des Menschen kaum akzeptieren will. Eine Vorstellung, die den Menschen vor allem als intelligentes Geistwesen sehen und nicht erkennen will, dass unsere angeborenen Verhaltensmotivationen im Wesentlichen die gleichen geblieben sind wie bei unseren äffischen Verwandten, dass es eben die Verhaltensmotivationen der Primaten sind, zu denen wir biologisch und genetisch gehören.

Natürlich war es schöner und angenehmer, sich als von Gott geliebte und behütete „Krone der Schöpfung" und als „einzigartiges Geistwesen" – klar getrennt vom

Tierreich – zu sehen, als sich als erstaunlich „intelligenter Gorilla", Schimpanse oder Bonobo zu begreifen. Natürlich war es auch für den früh mittelalterlichen Menschen viel schöner, sich als von Gott geliebter Mittelpunkt des Weltalls zu begreifen. Das kopernikanische Weltbild mit der Erde als einem Planeten unter vielen irgendwo in einer der vielen Galaxien des Weltalls wurde nur unter heftigen Schmerzen geboren und ist noch heute von vielen Menschen nicht akzeptiert.

Ich behaupte jedoch, dass das Selbstbild als intelligenter Gorilla oder Bonobo wesentlich realistischer ist und vor allem, dass es aber eine ganze Reihe von Vorteilen brächte, wenn wir diese Realität innerlich annehmen könnten. Die Argumentation der Verhaltensbiologie und der molekularen Genetik möchte ich Ihnen an anschaulichen Beispielen erklären:

Unsere Vergangenheit steckt in unseren Genen, das beweist die DNA-Sequenz-Analyse Forschung (In der Kriminalistik und heute millionenfach bei Covid-PCR-Tests ist Genanalyse längst anerkanntes Beweismittel):

- ***Nur 1 bis 1,5 % des gesamten Genoms des Menschen und des Schimpansen sind verschieden, d. h. 98,5 bis 99 % des Genoms sind absolut identisch.***
- ***Es sind nur ein paar hundert bis 1000 Gene, die den Weg zum heutigen Menschen bahnten, wir wissen aber noch nicht genau, welche Gene die eigentlich „menschlichen" sind. Homo sapiens ist ein junges Produkt der Evolution aus der Stammeslinie der Primaten.***

Diese Aussagen sind unter Evolutionsbiologen und Genetikern unumstritten!

Wie denkt, beobachtet und beschreibt nun die Ethologie?

Einige Beispiele bzw. grundlegende Konzepte:

Beispiel 1: Das Schlüsselreiz-Konzept: Sexueller Schlüsselreiz:

Tierisches Beispiel:

Fregattvogel-Balz aus Die Biologie des menschlichen Verhaltens, Prof. I Eibl-Eibesfeldt

Schlüsselreize beim Menschen (aus der Werbung):

Bsp. 2: Übernormale Attrappe: großes Kuckucksei/ oder Schnabel der Jungvögel

Übertragen auf Comics: Schnabel von Harry Buster

Würde Sie ein Röntgenbild mit „Brustgewebe über Silikon" auch so ansprechen?

Schlüsselreiz roter Mund

Was glauben Sie, warum die Frauen ihre Lippen knallrot anmalen, oder gar mit Botox aufspritzen lassen und warum Milliarden für Brustvergrößerungen mit Silikon ausgegeben werden, obwohl so eine Operation alles andere als angenehm ist und mit erheblichen Risiken verbunden ist.

Warum Filmstars, Models und vor allem solche, die es werden und bleiben wollen, unglaublich viel Zeit und Geld ausgeben, um in einer Kleidung aufzutreten, bei dem man fast „alles", aber doch nicht alles sieht.

Wenn Sie als Frau nun glauben, dass nur „primitive" Männer auf Schlüsselreize hereinfallen, muss ich Sie leider enttäuschen:

Auf die Mähne der Löwen, die Fregattvogel-Brust, das Rad eines Pfaus – die schönen Farben und Formen der Vögel – hier ein Erpel – die Geweihe der Hirsche – Männchen eben – fallen die Weibchen herein! Die Schlüsselreize MÜSSEN zur Erhaltung der Art sogar funktionieren!

Beim Menschen gibt es ein **„Mann Schema"**, das heißt vor allem: breite, muskulöse Schultern, schmale Taille, schmales Becken. Und es gibt das **"Kindchen Schema"**: Konrad Lorenz hat das Kindchen Schema als angeborenen Schlüsselreiz untersucht und beschrieben, Walt Disney hat es intuitiv in seinen Mickymaus Figuren umgesetzt:

Wie sehr das Kindchenschema in der Praxis mit großem Erfolg genutzt wird, zeigt ein Beispiel aus Attraktivitätsforschung:
http://www.beautycheck.de/cmsms/index.php/kindchenschema

Kindchenschema

Konrad Lorenz hat wohl als erster den Begriff Kindchenschema in die Verhaltensforschung eingeführt. Der folgende Beitrag aus der Welt erklärt die Erkenntnisse dazu aus der Attraktivitätsforschung.

Fotos siehe Webseite:
http://www.beautycheck.de/cmsms/index.php/kindchenschema

Links das Supermodel Kate Moss, rechts ein für unser Kindchenschema-Experiment fotografiertes Mädchen (4 Jahre). Das Gesicht von Kate Moss weist deutlich kindchenhafte Merkmale auf, besitzt aber zugleich auch Reifekennzeichen wie hohe, ausgeprägte Wangenknochen und konkave Wangen, die durch Make-up noch betont werden. Nach Cunningham (1986) macht gerade die Kombination dieser Merkmale ihr Gesicht sehr attraktiv. In der Attraktivitätsforschung gibt es die These, dass Frauen dann besonders attraktiv sind, wenn ihr Gesicht „kindchenhafte" Merkmale aufweist, d. h. Merkmale, die eigentlich für kleine Kinder typisch sind. Dies sind:

- **Großer Kopf**
- **Große, dominante, gewölbte Stirn**
- **Relativ weit unten liegende Gesichtsmerkmale (Augen, Nase, Mund)**
- **Große, runde Augen**
- **Kleine, kurze Nase**
- **Runde Wangen**
- **Kleiner, zierlicher Unterkiefer**
- **Kleines Kinn**

Brigitte Bardot als Kindfrau
http://www.uni-regensburg.de/Fakultaeten/phil_Fak_II/
Psychologie/Psy_II/beautycheck/kindchenschema/bardot2_gr.jpg

Der Prototyp für eine „Kindfrau" ist bzw. war Brigitte Bardot. Der Grund, warum kindlich aussehende Frauen attraktiver seien, ist ein biologischer: Evolutionsbiologen argumentieren, dass es in der Entwicklungsgeschichte des Menschen für Männer ein Vorteil war, junge Frauen als Fortpflanzungs-Partnerinnen zu bevorzugen, da sie eher gesund seien und noch eine lange Periode der

Fruchtbarkeit vor sich hätten. Dadurch könnten sie ihm besonders viele Kinder gebären, sodass er somit seine Gene an möglichst viele Nachkommen weitergeben könne. Diese These ist aber nicht unumstritten. Denn auf der anderen Seite ist es auch so, dass sogenannte Reifekennzeichen ein Frauengesicht attraktiv machen. Dies sind v. a. hohe ausgeprägte Wangenknochen und konkave Wangen (also das Gegenteil von den kindlichen, runden Wangen!). Die biologische Begründung lautet, dass diese Reifekennzeichen dem Mann signalisieren, dass eine Frau kein Kind mehr ist, sondern geschlechtsreif und damit gebärfähig. Manche Attraktivitätsforscher (z. B. Grammer) vertreten die Ansicht, dass kindliche Merkmale ein Frauengesicht einfach nur jünger, aber nicht attraktiver machen. Um die sogenannte „Kindchenschema-Hypothese" zu überprüfen, stellten wir von verschiedenen Gesichtern erwachsener Frauen mehrere Varianten her, die in ihren Gesichtszügen mehr oder weniger kindlich aussahen. Alle Varianten wurden dann von Versuchspersonen auf ihre Attraktivität beurteilt.

Fotos siehe:
http://www.beautycheck.de/cmsms/index.php/kindchenschema

Auf derselben Seite finden Sie 6 Gesichter junger Frauen, die mit Hilfe eines Bildbearbeitungsprogramms dem Kindchenschema angenähert wurden.

Buchtipp dazu: **Etcoff, Nancy (2001). Nur die Schönsten überleben.**

Die Ästhetik des Menschen. [15]

Eine leicht zu lesende, empfehlenswerte Einführung der renommierten amerikanischen Attraktivitätsforscherin.

Ergebnis: Im Tierreich und beim Menschen gilt:
Je stärker der Reiz, desto wirksamer löst er die dazu passenden angeborenen Reaktionen (Erbkoordinationen in der Fachsprache) aus.

Dafür gibt es viele sauber durchgeführte Experimente mit verschiedenen Tierarten, zum Beispiel mit Zierfischen wie Guppies [14]

Walt Disney und die Werbe-Branche wissen das schon lange und nutzen diese Mechanismen im Milliarden-schweren Werbemarkt ganz selbstverständlich aus. Nur in der Schule und im kulturellen Leben tun wir häufig so, als seien wir ausschließlich vernünftige Geistwesen! Ich möchte Ihnen aus dem Buch „Primaten und Magnaten" noch einige Fotos zeigen. Auch Barbara Schöneberger erfreut sich zur Zeit im Fernsehen großer Beliebtheit (z. B. beim Eurovision Contest, Mai 2021, inzwischen Verstehen Sie Spaß). Urteilen sie selbst, Sie finden hunderte Fotos von ihr:
- Großer Kopf
- Große, dominante, gewölbte Stirn
- Relativ weit unten liegende Gesichtsmerkmale (Augen, Nase, Mund)
- Große, runde Augen
- Kleine, kurze Nase
- Runde Wangen
- Kleines Kinn

Dazu der große Busen, folglich ist das Schlüsselreizkonto perfekt!

Im „Grundriss der Humanethologie" von Prof. Irenäus Eibl-Eibesfeldt finden sich auch vergleichende Fotos über analogen Schlüsselreiz- bzw. den Kopfschmuck-Einsatz bei der Balz von Vögeln und bei prominenten Damen. Die Kopfschmuck-Ausstattung der adeligen Damen von Ascot gleicht auf verblüffende Weise dem Balzschmuck des Prachtleierschwanzes. [14]

Verblüffende Ähnlichkeit: Kopfschmuck einer Dame in Ascott und eines Prachtschleierschwanzes
Fotos aus Biologie des menschlichen Verhaltens, Seehamer Verlag

„Magnaten und Primaten" habe ich vor über 12 Jahren geschrieben. Aber da wir nun schon bei der Verhaltensforschung sind – es stand im Sommer 2021 ein ganz aktuelles und bedeutsames Problem an. Kanzlerin Merkel ging im September 2021 in ihre verdiente „Pension". Ich rede also von – ja? – der Kanzler- Kandidatenkür bei CDU/CSU und bei den Grünen! Ich rede von Robert Harbeck! Wie hat es der Spiegel ausgedrückt? **Richtige Verlierer!**

Robert Habeck, nachdem er freiwillig und fair Annalena Baerbock bei der Kanzlerkandidatur den Vortritt ließ.
Foto: Steffen Roth

Das ist natürlich ein gewichtiges Thema der Verhaltensbiologie UND der Demokratie. Ist der Mensch auf Grund seiner verhaltensgenetischen Ausstattung überhaupt fähig zur Demokratie? Wenn man sich die gegenseitige Beschädigung der Kandidaten von CDU/CSU, Söder und Laschet anschaut, muss man daran zweifeln. Wenn man sich weltweit umschaut und an Putin, Trump, Erdogan, Bolsonaro, Orban oder an Xi Ping und Nordkoreas Raketenmann denkt, dann können die Zweifel nur größer werden. Eine leicht-füßige Antwort lässt sich nicht finden. Einige Diktaturen haben jedenfalls die Covid Pandemie wohl besser und erfolgreicher überstanden als Demokratien. Aber auch hier gibt es vielleicht Hoffnung. In vielen Experimenten im Tierreich hat sich eindeutig gezeigt, dass „angeboren" keineswegs bedeutet, dass man nichts verändern kann, im Gegenteil!

Eibl-Eibesfeldt hat in seinen Experimenten mit isoliert von ihm mit Fläschchen aufgezogenen Eichhörnchen gezeigt, dass die für Eichhörnchen essentielle Fähigkeit zum Öffnen von Haselnüssen zwar angeboren ist, aber durch Lernen und Üben zur Perfektion gebracht werden muss. Solche Experimente wurden auch mit Singvögeln für den artspezifischen Gesang und mit vielen anderen Säugetieren und Primaten gemacht. Warum spielen junge Füchse, Wölfe, Löwen und alle anderen junge Säugetiere so ausgiebig – ganz einfach – weil sie so ihre zum Leben notwendigen angeborenen Verhaltensweisen üben und perfektionieren können, zum Beispiel Jagen und Kämpfen. Angeborenes Verhalten wie z. B. Sexualverhalten bedeutet also keineswegs, dass unabänderlich festgelegt ist, dass ein hormonstrotzender Mann eine Frau vergewaltigen darf, um seinen Trieb auszuleben. Bei Machtverhalten (und bei der Eitelkeit), von dem ich davon ausgehe, dass es ebenfalls angeboren ist, bedeutet es genauso wenig, dass dieses Verhalten unabänderlich ist. Das sehen wir alle an Kanzlerin Merkel. Auch kritischste Journalisten wie Bernd Ulrich (Die ZEIT, er war auf vielen Staatsbesuchen mit dabei), die sie lange beobachtet haben, sagen, dass sie einfach „uneitel" ist. Hier kommt aber nun die unrühmliche Rolle unserer Boulevardpresse und der Medien ins Spiel. Sie feiern den Sieger und verhöhnen den Verlierer, wobei das oft schon der Silbermedaillengewinner sein kann. Der Zweite bei der Tour de France, der nach rund 2800 km 0,2 Sekunden nach dem Sieger ins Ziel kommt, hat doch eine ebenso gigantische Leistung erbracht, wie der Sieger. Allein diese gigantische Strecke geschafft zu haben ist ein großer Sieg der Disziplin gegen sich selbst! In der Politik sollten es rationale Entscheidungen sein, welche bei der Kanzlerkandidatenkür und ganz grundsätzlich den Ausschlag geben. Schwer möglich bei der ausufernden Internet-Gosse, die dazu führt, dass alle ihre angeborenen und anerzogenen Hemmungen fallen lassen und dabei auch noch in ihrer Desinformations-Blase gefangen bleiben. Als ich studierte, gab es eine aufstrebende Wissenschaft namens „Technikfolgen Abschätzung". Um diese Wissenschaft ist es sehr ruhig bzw. still geworden. Hinweg gefegt vom neoliberalen Sturm und der hemmungslosen Gier der Internet-Konzerne? Da wäre neben den Covid-Vaccinen ein neues Medikament namens „Hallo Wach" für uns alle und besonders für die Parlamentarier nötig. Ja, wir schlafen nicht nur bei der Digitalisierung, wir befinden uns im Wachkoma bezüglich der Bewältigung der Herausforderungen und Risiken der Internet-Gefahren. Putin ist da weiter, er bricht digital im Bundestag ein, beeinflusst die US-Wahlen nachweislich und betreibt eine zynische und schamlose Desinformation. Da könnte er doch fast so langsam seine Panzer einsparen. Die braucht er aber, um mit Drohkulissen Regionen und Regierungen zu destabilisieren. Womit wir wieder beim unbewältigten Machttrieb und Putins Trauma wären. (Diese Zeilen wurden noch vor Beginn seines Krieges in der Ukraine geschrieben)

Ein sehr wichtiges Modell der Verhaltensbiologie ist auch das Konzept der „Prägung".
Das Konzept der Prägung. Wie entsteht das Urvertrauen?
Ausschnitte aus meiner damaligen Unterrichtsvorbereitung, Unterrichts-Einheit Verhaltensbiologie 13/2

(Dieses Thema wurde in den neuen Lehrplänen der folgenden Jahre in Baden-Württemberg gestrichen. – Ich vermute, weil es nicht für ökonomisch relevant gehalten wurde. In meinen Augen ein krasser Fehler):

Prägungsähnliche Vorgänge beim Menschen: HARLOW-Versuche an Rhesusaffen

Verhaltensstörungen/Entwicklungsschäden:
- Bewegungsstereotypien
- (auto-)aggressive Reaktionen (z. B. Haare ausreißen)
- Apathie
- gestörtes Erkundungs- und Spielverhalten/ gestörtes Lernverhalten
- Paarungsunfähigkeit
- Unfähigkeit zur Aufzucht der Jungen

1

Sozialisationsverhalten.

Christa MEVES/René SPITZ beobachten **1965** gleich geartete Verhaltensstörungen bei Menschenkindern mit fehlender-/gestörter Beziehung zur Bezugsperson. So wurde dann die Entstehung des HOPITALISMUS erklärt.
Prof. HELLBRÜGGE entwickelte Verfahren zur Messung des Entwicklungsstandes bei Babys und Kleinkindern.
Buchempfehlung: Prof. HELLBRÜGGE: Die ersten 365 Tage im Leben eines Menschen

Schluss: **Affen- und Menschenkindern brauchen zur gesunden körperlichen und seelischen Entfaltung eine stabile Mutter-Kind-Bindung**, zumindest stabile lang andauernde Beziehungen zu vorbildhaften Bezugspersonen.

Fehlen diese, kommt es bei Menschen und Affenkindern zu homologen Verhaltensstörungen, die irreversibel sind, zumindest sehr, sehr schwer therapierbar. Ansätze zur Therapie liefert HELLBRÜGGE: Diese Verhaltensstörungen sind beim Menschen häufig die Basis für kriminell-, sexuell- und andersartig gestörtes Verhalten.

Weitere prägungsähnliche Vorgänge beim Menschen:
- Urvertrauen   0–1 Lebensjahr
- Selbstentfaltung   2–3"
- Homosexualität   5–6"
- Persönlichkeitsentwicklung   Pubertät

Kennzeichen der Prägung:
- **sensible Phase**
- **Lernvorgang besonders schnell**
- **Irreversibel** (man kann Homosexualität nicht wegtherapieren)

Beide Fotos: Die Biologie des menschlichen Verhaltens, I. Eible-Eibesfeldt Seehamer Verlag

Das Gorilla-Syndrom

Geschrieben 2008

Donald Trump und Gorilla, sich aufplusternd.
Gorilla, Diane Fossey Gorilla Fund

Ich hatte ihn – Donald – also schon vor 2008 auf dem Schirm – die Ähnlichkeit mit unseren nächsten Verwandten war aus Sicht des Verhaltensbiologen so unverkennbar ...

Das Buch von Frans de Waal handelt

Von Menschen und Affen

Der Mensch besitzt einen guten Kern und der stammt vom Affen
Frans de Waal

Sie werden sich erneut provoziert fühlen, dass ich eine so enge Beziehung zwischen Menschen und Affen herstelle. Ja, das tue ich. Viel wichtiger jedoch ist mir meine Behauptung, dass die ähnlichen, unbewussten Verhaltensweisen nicht ein seltener Ausnahmefall in besonders gestörten Familien oder Personen sind, sondern dass Machtverhalten alle Bereiche des menschlichen Lebens durchdringt und häufig beherrscht. Die Folgen sind viel gravierender und destruktiver, als wir uns vorstellen mögen. Es werden nicht nur Millionen Menschen psychisch massiv geschädigt und/oder krank. Vielmehr behindert Machtverhalten den Fortschritt der Menschheit in allen Lebensbereichen: Es verhindert Demokratie, Gleichberechtigung von Mann und Frau, soziale Gerechtigkeit und sozialen Ausgleich, bedroht ernsthaft die Erhaltung der Natur und das Überleben der Menschheit in Form der Atombomben in der Hand machthungriger Verhaltens-Gorillas. Es bewirkt natürlich auch, dass die falschen Personen an die Schalthebel der Macht kommen. Es verhindert naturwissenschaftlich orientierte Lösungsmöglichkeiten für die vielen übergroßen Herausforderungen, vor denen die Menschheit heute und zukünftig steht. Ich biete aber auch Lösungsansätze an, wie Familien, Kommunen und Staaten von der zerstörerischen Dominanz des Machtverhaltens loskommen können. Machtverhalten ist zwar angeboren. Davon bin ich überzeugt. Angeborene Verhaltensweisen können jedoch sehr wohl modifiziert werden. Natürlich fängt das bei der Erziehung an. Vor allem aber muss die gesellschaftliche Werteskala massiv verändert werden: Egozentrisches und unsoziales Verhalten muss geächtet (und nicht wie im US- Neoliberalismus bewundert), die ethische Werteskala wieder zurechtgerückt werden.

Unbegrenzte Anhäufung von Reichtum ist keine anerkennenswerte Leistung, sondern ein asoziales Verhalten auf Kosten der Gemeinschaft.

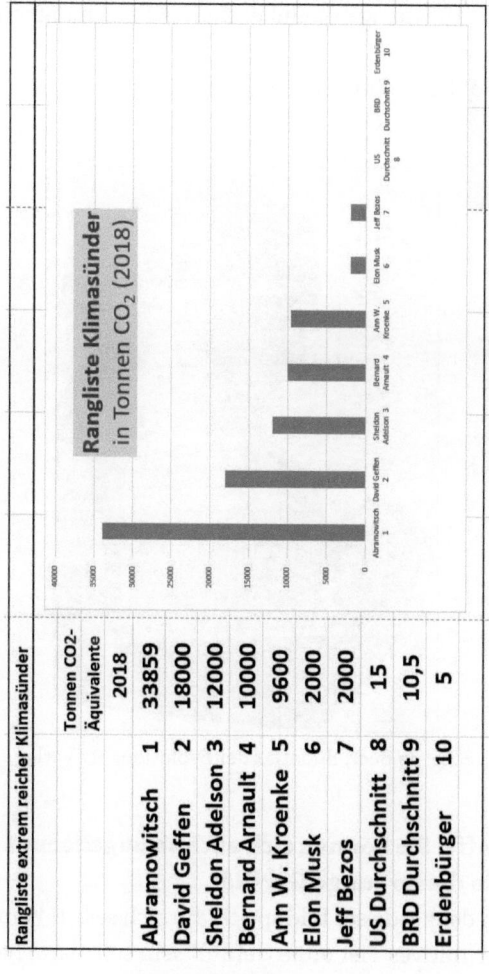

Rangliste der Klimasünder

Ich habe aus den Zahlen der DGS Studie über die Rangliste der Klimasünder ein Diagramm gemacht. Dass beim „US –„, beim „BRD-Durchschnitt" und bei „Erdenbürger" nichts mehr zu sehen ist, ist kein Fehler, die Zahlen sind einfach zu winzig gegenüber dem „Klimachampion" Abramowitsch...

Und der soll unser Vorbild sein?

Foto: de Beer, Bildatlas der Evolution, blv Verlag

Ich hoffe, Sie können sich auch so ungehemmt freuen wie dieser junge Gorilla!

Ich denke, dieses Bild spricht für sich selbst! Wenn das ein „primitives Tier ohne Gefühl" sein soll, dann hat Donald Trump wohl auch den Friedensnobelpreis verdient. [12]

Die meisten Menschen fühlen sich tatsächlich provoziert und assoziieren meinen Titel mit einer Beleidigung. Sie werden es nicht glauben, aber für einen Biologen ist das keineswegs eine Beleidigung. Es ist nämlich wissenschaftlich erwiesen und unbestritten, dass mehr als 98 % (!!!) der DNA (Desoxyribonucleinsäure, das ist die Erbsubstanz von Tieren, Menschen und Pflanzen, in geringen Abwandlungen auch bei Bakterien und Viren) des Menschen und der nächstverwandten Menschenaffen identisch sind. Da liegt es doch nahe, auch im angeborenen und erlernbaren Verhalten gleiches oder zumindest ähnliches zu vermuten. Verhaltensbiologische und psychologische Untersuchungen haben das auch vielfach zweifelsfrei bewiesen (Eibl-Eibesfeldt, Rene Spitz, Christa Meves u.v. mehr). Dennoch fühlen sich die Menschen immer beleidigt, wenn man sie mit Affen vergleicht. Dabei wäre es sehr sinnvoll, zu verstehen, warum bestimmte Verhaltensweisen des Menschen so durchschlagend und fast nicht modifizierbar sind, obwohl sie bestenfalls unsinnig, andere (meist Partner oder Untergebene) schwer schädigen oder gar zerstören. Sie sind auch die verhaltensbiologische Basis dafür, dass politische Führer so unerträglich an ihren Sesseln kleben – wie Steuber, Kohl, Biedenkopf oder weltweit viele andere, wie Nixon, Trump, wie Putin, für die rücksichtslose Schreckensherrschaft ungezählter Diktatoren ebenso wie für die Vernichtung unserer Lebensgrundlagen. (Ein 360 kW Auto mit einem Verbrauch von über 20 L Benzin/100 km und mehr ist in der heutigen Verkehrssituation völlig unsinnig, angesichts des Klimawandels nicht vertretbar, jedoch für Prestige und Dominanzverhalten offensichtlich sehr vielen Menschen unverzichtbar. So wie ein dominanter

Schimpanse sich aufplustert (sich größer macht durch Haare sträuben) und den größten und schwersten Stock drohend zeigt. Der Miniaturmuskel übrigens, der die Haare aufrichtet heißt muskulus erectus pili und funktioniert beim Menschen noch genauso. Erregung ist deshalb „Haarsträubend"!

> Der Haarstrich beim Menschen führt bei Erregung zur Schulter betonung wie bei allen Primaten. In allen Kulturen betont die Mode festlicher Kleidung die Schulter!
> Beide Abb. aus: Eibl-Eibesfeldt, Grundriss der vergleichenden Verhaltensforschung

Haarstrich beim Menschen

Es ist aber sehr unpopulär und oft absolut unerwünscht, gerade von der gebildeten Klasse, solche Zusammenhänge zwischen Menschen und höheren Primaten offen zu legen. Philologen und kirchliche Kreise akzeptieren sie höchstens als die „primitive Seite" des Menschen, über die „wir aber doch nicht immer sprechen sollten... Wir sollten die höhere, geistige Seite noch stärker entwickeln". **Tatsächlich aber beherrscht diese „primitive Seite"**

das tägliche Leben viel mehr und viel destruktiver, als wir wahrhaben wollen. Am Ukraine-Konflikt und an Putin konnten und können wir das beobachten. Ich bin jedenfalls davon überzeugt, dass insbesondere das Verhaltensprogramm „Erlangen und Sichern der Alpha-Position" bei Mensch und Affe ziemlich identisch, ziemlich archaisch und sehr durchschlagend ist. Wenn es also um Macht geht, dann werden alle erlernten moralischen Regeln gebrochen. Selbstverständlich auch die Menschenrechte! (Saddam, Milosevic, Putin, Lukaschenko, Chinas und Nordkoreas Machthaber, fast alle Staatslenker sind nicht durch moralisches Verhalten an die Macht gekommen, haben sich nicht durch moralisches Verhalten an der Macht gehalten und vor allem, sie kommen nicht mehr davon los, auch in unserer so „vorbildlichen Demokratie" oft nicht. Die Manager der großen börsennotierten Konzerne bedienen sich in schamloser und skrupelloser Weise am Eigentum der Aktionäre und merken es vermutlich gar nicht mehr, geblendet vom eigenen Größen-Wahn (Schrempp verbrannte viele Milliarden mit seiner „Welt-AG" und gönnte sich – sozusagen als „Versagens-Bonus", über 100 Millionen Aktien-Optionen). **Erstaunlich ist doch auch, dass die Menschen das alles ziemlich klaglos hinnehmen. Vielleicht, weil es in unserem verhaltensbiologischen Erbe genauso wie in dem der Gorillas und Schimpansen verankert ist, sich mächtigen und dominanten Menschen unterzuordnen.** Dauerhafte Rang- und Machtkämpfe kosten sonst einfach zu viel Energie.

Machtauseinandersetzungen zu verlieren wirkt deshalb auch für die psychische und körperliche Gesundheit des Menschen so vernichtend.

Nicht umsonst bin **gerade ich** auf die verblüffenden Ähnlichkeiten im Dominanz-Verhalten zwischen Menschen und Menschenaffen gestoßen. Vater Markus war ein „Bild" von einem Dominanz-Bolzen, im Krieg ein König, der die Brotversorgung des Landkreises sicherstellen sollte und deshalb vom Wehrdienst und von Stalingrad verschont blieb – der ganz unbewusst in jeder beliebigen Situation seine Dominanz klarstellen musste – insbesondere auch Frauen gegenüber. Da der Mensch wie seine nächsten Artverwandten sehr vieles unbewusst durch „nachäffen" lernt, ist klar, dass sein erst geborener Sohn, sein geliebter Nachfolger, sein Ebenbild, an dem er sein Wohlgefallen hatte, solange dieser ein Knabe war, sein Dominanzverhalten durch Nachahmung geradezu in sich aufsog. So nahm das brutale Unglück seinen Lauf... zumindest über 2 Generationen.

Was ich allerdings sehr lange nicht wahrhaben wollte, auch ich sog es unbewusst auf. So nahm auch für mich das Unglück seinen Lauf. Ich litt unter seinem Dominanz꞊ verhalten. In der Auflehnung dagegen war ich ein echter 68er! Ich hasste es, ungemein sogar. Ich sah, dass er Mutter damit ihr psychologisches Rückgrat brach. Also wollte ich keinesfalls ein so dominanter Macho sein und werden. Unbewusst war ich es jedoch auch. Der Konflikt zerriss mich. Einige Niederlagen musste ich einstecken, weil ich aus „ethisch-moralischen Gründen" und tiefer Abneigung auf eigenes Dominanzverhalten verzichtete. Mein unbewusster Macho in mir demütigte mich dafür wohl mehr als jeder äußere Macho es konnte.

Der verhaltensbiologische Teil ist der Kontext, in den die psychologisch wohl unbewussten Brutalitäten, die ich selbst erlebt habe, eingeordnet werden müssen. Genau genommen sind sie jedoch ganz normale, sehr alltägliche Brutalitäten in sehr vielen Familien, Gruppen und Gemeinden. Es geht mir überhaupt nicht darum, irgendjemanden schlecht zu machen oder gar schmutzige Wäsche zu waschen! Die verhaltensbiologische Betrachtung des Machtverhaltens des Menschen und seiner gefährlichen Auswirkungen in allen Lebensbereichen ist für mich auch die wesentliche Erklärung dafür, dass ich zeitweise sogar erkrankte. Mein Vater, meine Geschwister, viele Menschen, mit denen ich freiwillig oder unfreiwillig eng verbunden war, waren aber keineswegs einfach „böse". Sie alle verteidigten unbewusst Ihre Reviere, Ihre vermeintlich unveräußerlichen Rechte. Ich **konnte** nicht mit den gleichen Mitteln zurückschlagen. Da gab es diese unüberwindliche moralische Hemmschwelle. So hat das jeweilige Revierverhalten mir tiefe Schläge versetzt. Dieses Buch ist so gewissermaßen auch Ergebnis oder Psychogramm eines Lebens, aus dem jeder sehr viel lernen könnte.

Meine Lebensgeschichte ist – ich sage es noch einmal – im ursprünglichen Buch „Gorilla Syndrom" nach meinem besten Wissen und Gewissen wahrhaft im Lichte der Erkenntnisse der Verhaltensbiologie erzählt. Deshalb habe ich mich hier entschlossen, die hoch interessanten und oft heftigen Details meiner Lebensgeschichte hier nicht zu erwähnen. Viel wichtiger ist mir dabei meine Überzeugung, dass die erlebten Verhaltensweisen nicht ein seltener Ausnahmefall in besonders gestörten Familien sind, sondern dass **Machtverhalten alle Bereiche des menschlichen Lebens durchdringt und häufig beherrscht. Die Folgen sind viel gravierender und**

destruktiver, als wir uns vorstellen mögen. Ich brauche nicht Putins Großmacht Wahn erwähnen, der abertausenden Menschen das Leben zur Hölle macht und schon jetzt – Stand Januar 2022, vor Beginn des Krieges – weit mehr als 14000 Tote zur Folge hat. Es werden durch Machtverhalten nicht nur viele Millionen (gar Milliarden?) Menschen psychisch massiv geschädigt und/oder krank. Vielmehr **behindert Machtverhalten den Fortschritt der Menschheit in <u>allen</u> Lebensbereichen**: Es verhindert Demokratie, Gleichstellung von Mann und Frau, soziale Gerechtigkeit und sozialen Ausgleich in unserem Land und weltweit zwischen Völkern, Ethnien und Nationen, es bedroht ernsthaft und inzwischen deutlich sichtbar die Erhaltung der Natur und das Überleben der Menschheit im Klimawandel. Selbstverständlich auch in Form von Atombomben in der Hand machthungriger Verhaltens-Gorillas, die zur Machterhaltung auch vor gezielter Desinformation der Menschen vor den Folgen der Klimaerhitzung nicht zurückschrecken. **Es bewirkt auch immer wieder und fast zwingend, dass genau die falschen Personen an die Schalthebel der Macht kommen**. Dieses Dominanzverhalten verhindert vor allem auch wissenschaftlich orientierte Lösungsmöglichkeiten für die vielen Herausforderungen, vor denen die Menschheit heute und zukünftig steht. Es ist deshalb kein Wunder, dass Ober-Primaten wie Donald Trump (Putin, Orban, Bolsonaro, Erdogan oder auch „Boris the Liar", und und und …) an die Spitze der Macht kamen. Es liegt leider vor allem auch in unserem genetisch-verhaltensbiologischen Programm begründet. Keineswegs so ausgemacht ist es, dass Kriege und ihre brutalen Zerstörungen „Naturgesetze" sind, wie viele ohne Zögern behaupten. Immer mehr Autoren, Historiker, Archäologen andere Wissenschaftler sind der Meinung, dass Kriege und Zerstörung erst seit dem Sesshaftwerden des Menschen nachweisbar werden. So sagt Rütger Bergmann in der Zeitschrift GEO und in seinem Buch „Die Evolution hat uns freundlich gemacht" und „Die sogenannte zivilisierte Ära brachte uns Hunger, Patriarchat und Ansteckungskrankheiten, aber wir waren nicht immer so". **„Kriege entwickelten sich erst, als die Jäger und Sammler sesshaft wurden, vor etwa 10 000 Jahren".** Ich würde mich nicht wundern, wenn diese noch nicht endgültig bewiesene These sich bestätigen ließe...

Ich will aber auch Lösungsansätze anbieten, wie Paare, Familien, Kommunen und Staaten von der zerstörerischen Dominanz des Machtverhaltens loskommen können. Machtverhalten ist zwar angeboren. Davon bin ich überzeugt. Dagegen können Philologen, Theologen, GenderologInnen und alle anderen klugen -logen sagen, was sie wollen. **Angeborene Verhaltensweisen können jedoch sehr wohl modifiziert und kontrolliert werden.** Das hat die Verhaltensbiologie vielfach zweifelsfrei wissenschaftlich bewiesen. Natürlich fängt das bei der Erziehung an: Als Referendar habe ich in „pädagogischer Psychologie" und in Lernpsychologie durchaus das Richtige gelernt. Unkluger Weise habe ich das, was ich in der Theorie gelernt habe, immer versucht, in der Praxis zu verwirklichen: Im schulischen Alltag jedoch waren diese Erkenntnisse für mich im Allgemeinen eher kontraproduktiv. Denn die Entscheider und damaligen Machthaber im Oberschulamt waren echte „alte weiße Männer", die von meinem kooperativen Führungsstil nichts wissen wollten. Und auch keinen Mann als Führungskraft haben wollten, der sich vorher zeitweise für die Erziehung seiner Kinder 2 Jahre beurlauben ließ. Bei Schülern und insbesondere Eltern jedoch kam ich sehr gut an. Die Konfrontation zwischen (beleidigten und unverstandenen) Lehrern und Eltern, die zunehmend bis heute oft zum Standard wurde, gab es bei mir nicht. Als Klassenlehrer ging ich zum monatlichen Elternstammtisch, nicht aus Pflicht oder Anbiederung, sondern weil es einfach Spaß machte. Eines meiner schönsten Lehrererlebnisse war eine von mir freiwillig organisierte und natürlich unbezahlte Ausfahrt als Klassenlehrer mit meiner Klasse ins Spitzingsee Gebiet auf die Maxl Rainer Alm von Donnerstag bis Sonntag. Neben fröhlicher Stimmung gab es einen „kloana schworza Deifi", eine Schülerin, auf die der Liftboy und Pistenbully-Fahrer ein Auge geworfen hatte. Und es gab einen Skiunfall: Sie verletzte sich bei einem Sturz so, dass es nach Bruch aussah. Ich fuhr in voller Montur in Skistiefeln mit ins Krankenhaus nach Miesbach und versprach den anderen SchülerInnen, dass sie mich rasieren dürften, wenn das „gut aus" ginge: Es ging gut aus, gegen 22 Uhr durfte Sie mit Gipsverband das Krankenhaus verlassen – der Fuß war nur angebrochen – und ich bat meine dort lebenden Verwandten, uns zur Talstation der Maxl Rainer Alm zu bringen. Aber wie hochkommen? Ich rief den Liftboy und Pistenbullyfahrer an, ob er uns holen könne. Nichts lieber als das tat er! Seinen „schworzn Deifi" abholen! Was ich nicht bedachte – ich passte nicht mehr in die Kabine des eher kleinen Pistenbullys, denn „Platz ist in der kleinsten Hütte (nur) für ein zärtlich liebend Paar". So stand ich hinten auf der Maschine in Skistiefeln ohne Halt, als er so ziemlich senkrecht als Hans im Glück den Berg hochwalzte. Das Hallo bei unserer Ankunft war groß. Sie – 3 Mädchen durften mich kurz vor Mitternacht rasieren – der Bart war ab. Ich glaube, ich schlief selig!

Fordern statt Verwöhnen

So lautet ein Buch von Felix von Cube, Professor für Erziehungswissenschaften an der Uni Heidelberg und sehr geprägt von der verhaltensbiologischen Forschung

Auch Felix von Cube stellt fest: In den Studien und Berichten über Aggression und anders Fehlverhalten kommen immer nur Psychologen, Soziologen, Pädagogen zu Wort, also Geisteswissenschaftler, jedoch keine Biologen oder gar Ethologen (Verhaltensforscher), wie Konrad Lorenz oder Eibl-Eibesfeldt. Sie werden nicht nur nicht erwähnt, sondern sogar verhöhnt. Als im Bundestag ein Mitglied der Enquete-Kommission den Namen Konrad Lorenz nannte, rief ein Abgeordneter laut: „Der Mensch ist doch keine Graugans..." ins Plenum und erntete natürlich tosenden Beifall. An dieser Stelle dürfte ich durchaus einwerfen, das für diesen und die klatschenden Abgeordneten ihre Schulbildung nicht nur kostenlos, sondern auch wirklich umsonst gewesen sei. Aber ich tue es nicht. Das Problem liegt leider tiefer. Es liegt wohl an unserem durch die Religionen tief verwurzelten Selbstverständnis „Wir sind die Krone der Schöpfung", das die Erkenntnisse von Evolutionsforschung, von medizinischer Forschung und vor allem die Erkenntnisse der molekularen Genetik gerne ausblenden möchte, auch wenn vertiefte Einblicke in diese Wissenschaften schon lange im Gymnasium gelehrt und gelernt werden. Nicht umsonst wird so viel kenntnisloser Unfug über die m-RNA und die damit ermöglichten m-RNA-Impfstoffe verfaselt – im Ton maximaler Überzeugtheit, versteht sich.

Tatsächlich hat die Verhaltensbiologie nicht nur tiefgreifende Erkenntnisse über tierisches Verhalten, sondern auch über menschliches Verhalten und Handeln gewonnen. Von Cube und mit ihm jeder Ethologe wird behaupten, dass man menschliches Verhalten und Handeln ohne diese Ergebnisse gar nicht verstehen kann. Diese Erkenntnisse haben folglich auch weitreichende Konsequenzen, insbesondere auch für die Erziehung. Von Cube bringt es auf den Punkt: „**Fordern statt Verwöhnen**".

So sagte er in seinem Vortrag ... „Das stammesgeschichtliche Erbe des Menschen besteht nicht nur aus seiner Anatomie, ... es umfasst auch bestimmte vorprogrammierte Verhaltensdispositionen. Dazu gehören auch Triebe wie Nahrungs- und Sexualtrieb, Neugiertrieb und die dazugehörigen „Werkzeug-Instinkte" wie Laufen, Saugen, Greifen, Beißen usw. Auch Ausdrucksweisen wie Lachen, Weinen, Schmollen und Drohen sind im Prinzip angeboren. Natürlich hat der Mensch darüber hinaus eine charakteristische Mutation: Das Großhirn, das ihm ermöglicht diese angeborenen Verhaltensweisen zu reflektieren und damit auch zu modifizieren. Er kann sich und damit seine Triebe „beherrschen" er kann sich „zurückhalten". Doch das will gelernt sein. Übrigens Tiere können das im Prinzip auch schon. Zusammenfassend kann man sagen: „Der Mensch ist ein Produkt der Evolution mit ausgeprägtem Trieb- und Instinktsystem. Sein Großhirn befähigt ihn, dieses zu reflektieren und zu steuern." Nicht nur von Cube als Verhaltensforscher, sondern heute auch namhafte Erziehungswissenschaftler wie Albert Wunsch weisen auf Grund ihrer Jahrzehnte langen Erfahrung mahnend darauf hin, dass Verwöhnung als leichte und rasche Triebbefriedigung zu schwerwiegenden Konsequenzen führt. Er nennt 3 davon: Unmäßigkeit, Krankheit und Gewalt. Das gilt besonders auch für die Erziehung von Kindern, aber nicht nur. Der Verwöhnte will immer raffiniertere Delikatessen, immer schnellere Autos, immer weitere Reisen, immer mehr Luxus. Hier liegt auch eine zentrale Ursache der Umweltzerstörung. Nicht eingesetzte Aktions- und Aggressionspotentiale können leicht auch zu Gewalt- und Selbstzerstörung führen...

Dass es Verwöhnung zwar schon immer gab, wissen wir, dass diese aber früher nur wenigen Privilegierten möglich war, den Königen, Fürsten, den Besitzenden. Das Volk konnte nur davon träumen. „In unserer Wohlstandsgesellschaft ist aber Verwöhnung eine massenhaft auftretende Störung des verhaltensökologischen Gleichgewichts". So „musste" bis zum Beginn der Coronapandemie fast jeder Abiturient zunächst mal nach Australien oder Neuseeland fliegen, es gehörte fast schon zum guten Ton. Von Cube und Wunsch betonen, dass „diese Störung verheerende Konsequenzen hat, sofern es den Menschen nicht gelingt, die überschüssigen Potentiale in humaner und kultureller Weise einzusetzen, das heißt aber auch, sich selbst in eigener Verantwortung zu fordern". Von Cube und Albert Wunsch führen dies besonders auch in Bezug auf die Erziehung unserer Kinder aus, wo vieles nicht rund läuft und Eltern aus falschem Verständnis und schlechtem Gewissen die Kinder zur Unselbstständigkeit und grenzenlosem Egoismus verwöhnen.

Prolog – jetzt wird es persönlich

Episoden und Leserbriefe aus meinem Leben:

Ein Schwab und Lehrer bis ins Mark,
Im Tun, auch mal mit Worten stark,
Zum Beispiel unser Lamentieren,
Betreffend das eskamotieren
von Lehrern, ja fast amputieren
Vomn Leibe des Kollegiums.
Da sagt er nur: „Ach, so was Dumm's!
Man spare sich die Trauerqual
Und tröste sich: So ist's nun mal: „
so spendet denen die erbost,
er noch, wie Hinterblieb'nen Trost
Und winkt dem armen ASG –
Da hilft kein Ach und Weh –
Gefassten Sinnes sein „Ade"
Trotzdem bleibt schmerzlich uns bewusst:
Der Friedrich, das ist ein Verlust.
Selbst bei Verzicht auf Trauer
wird uns sein Abschied sauer.
Denn wo er ist – nicht ruht er
und mehr als Dienstpflicht tut er
Mit Köpfchen und Computer.
Wer zweifelt, dass Herr Merkle
So wacker weiterwerkle –
Doch leider nun bald andernorts!
und drum bedarf's des Klageworts –
Wir wünschen Ihnen dort viel Glück

Und dann und wann den Blick zurück
und das Bekenntnis – s'wär uns recht:
Am ASG war's auch nicht schlecht:
StD Weidle am 1.7.1987

Ein Abschiedsgedicht eines älteren Germanisten und erfahrenen Kollegen, das mir sehr schmeichelte, ich fühlte mich dennoch gut charakterisiert.

Leserbriefe – mein Ventil und meine Leidenschaft

Zuerst die satirischen:
Sicherer Gipfelort
6.04.2009

> ### Sicherer Gipfelort
> **Obama beim Nato-Gipfel: Europa muss mehr tun, 4. April 2009**
>
> Angesichts der horrenden Millionenkosten für den Nato-Gipfel, verbunden mit dem Aufgebot von etwa 14 000 Polizisten allein in Deutschland, und der Gewaltexzesse in Straßburg schlage ich für weitere Gipfeltreffen einen neuen Gipfelort vor.
>
> Ein solcher Ort sollte möglichst drei Kriterien erfüllen: absolut sicher sein, Gelegenheit zum Gedenken geben und an der Nahtstelle des Ost-West-Konfliktes gelegen. Mein Vorschlag: Guantánamo! Es ist absolut sicher, spiegelt den hoffentlich historischen Unsinn des Konfliktes zwischen zwei menschenverachtenden Ideologien wider, dem Kommunismus und dem neoliberalen Kapitalismus, und man kann der Dummheit der Menschen gedenken, insbesondere der Bush-Menschen...
>
> *Friedrich Merkle, Bad Krozingen*

Angesichts der horrenden Millionen-Kosten für den Nato-Gipfel verbunden mit dem Aufgebot von etwa 14000 Polizisten allein in Deutschland und dennoch der Gewaltexzesse in Straßburg schlage ich für weitere Gipfeltreffen einen neuen Gipfelort vor. Ein solcher Ort sollte möglichst 3 Kriterien erfüllen: Absolut sicher sein, Gelegenheit zum Gedenken geben und an der Nahtstelle des Ost-West-Konfliktes sein. Mein Vorschlag: Guantanamo! Es ist absolut sicher, spiegelt den hoffentlich historischen Unsinn des Konfliktes zwischen 2 menschen-verachtenden Ideologien wider, dem Kommunismus und dem neoliberalen Kapitalismus und man kann der Dummheit des Menschen gedenken, insbesondere der Bush-Menschen... F. Merkle

Sprachkompetenz als Merkmal der Wichtigen:

KULTUSMINISTERIN SCHAVAN
Sprachkompetenz als Merkmal der Wichtigen

Zu: „Wer wichtig ist, fliegt mit der Bundeswehr", „Unterm Strich" von Thomas Fricker (Politik, 4. Oktober):

Frau Schavan ist nicht nur sehr „bedeutsam", als Kultusministerin und meine oberste Chefin war sie auch „Frau Ineffizienz" und „Frau Unwirtschaftlich". Denn sie hat verfügt, dass bei der Umstellung von G 9 auf G 8 jedes der 1000 Gymnasien in Baden-Württemberg die Lehrpläne für jedes Fach selbst umschreiben und anpassen sollte. Das wäre etwa so, wie wenn der Daimler in jedem Ort im Ländle pro Jahr zehn Autos bauen ließe. Natürlich wäre Daimler Pleite. Vielleicht hat sie aber von den Stammtischen gehört, dass „Lehrer morgens recht und mittags frei haben", die müssen also beschäftigt werden. Aber um wichtig zu sein, muss man nicht nur sach-, sondern vor allem sprachkompetent sein! Und das ist sie! *Friedrich Merkle, Bad Krozingen*

BZ, 12. Oktober

Zu: „Wer wichtig ist, fliegt mit der Bundeswehr" – Unterm Strich von Thomas Fricker. Frau Schavan ist nicht nur sehr bedeutsam, als Kultusministerin und meine oberste Chefin war sie es auch! Von Arbeitseffizienz bei der Anpassung der Lehrpläne an G8 hatte sie keine Ahnung!

Beim folgenden Thema **„Den Fischern ist der Bodensee zu sauber"** mischte sich schon Verzweiflung über den Unverstand der Menschen in die Satire

Leserbriefe zu „klugen Kommentaren" gegen den „Ökologismus", verglichen mit dem „Miev der DDR" … waren schon weniger satirisch…

Ob Herr Blok, heute im Jahr 2021, in dem es an allen Ecken und Enden der runden Erde brennt und in dem

Fluten ungekannten Ausmaßes die so sicher geglaubte Republik erschüttert haben, irgendetwas dazu gelernt hat. Ich fürchte – nein.

Der Orginalartikel von Herrn Blok hieß **"Miev der DDR"**

Lieber Herr Blok,

da haben sie mal wieder geklotzt und nebenbei einen neuen „Ismus" erfunden: Den „Ökologismus". Toll! Ist es Ideologie, wenn die Bevölkerungsforscher feststellen, dass es weit mehr als 100 000 Jahre gedauert hat, bis die Weltbevölkerung auf 3,5 Mrd. Menschen angewachsen ist und sich nun in nicht mal weiteren 50 Jahre verdoppelt hat, auf 7 Mrd.? Ist es Ideologie, wenn die Klimaforscher feststellen, dass der exponentiell ansteigende CO_2 Gehalt in der Atmosphäre zu lebensbedrohenden Effekten für Mensch und Lebensgrundlage führen wird. Das ist naturwissenschaftliche Erkenntnis. Ideologe ist es, wenn einseitig wirtschaftswissenschaftlich denkende Menschen (wie Sie?) glauben, dass in einer endlichen Welt mit endlichen Rohstoffvorräten ewiges, unendliches Wachs-tum und unendliche "Wohlstandsvermehrung" möglich wäre! In einem haben sie ja Recht, bei der Energiewende ist inzwischen einiges schiefgelaufen, durch Fehlein-schätzungen, wie in der sachlich und ohne Polemik informierenden ZEIT letzte Woche zu lesen war. Aber vor allem auch, weil die großen Energiekonzerne die Energiewende – verantwortungslos und ausschließlich nur an ihre Profite denkend – lange Jahre mit allen Mitteln blockiert haben und so natürlich den Erfolg der Erneuerbaren verschlafen haben. Auch Ihre Einlassungen zu energetischen Sanierungen von Wohngebäuden „Plastikburka" zeugen nicht von profunder Detailkenntnis der Materie, denn neben Styropor, das nicht so schlecht ist wie Sie es darstellen, gibt es viele andere nachhaltige Dämmstoffe und fachgerechtes Dämmen fördert keineswegs Schimmel, sondern erhöht die Behaglichkeit und Gesundheit des Wohnens. Das sind Fakten, Herr Blok, keine Phrasen.

Die Stromerzeugung mittels AKW ist – korrekt gesprochen – eine Generationen-Ausbeutung, denn zukünftige Generationen werden über 100 000 ende Jahre sich mit den Kosten unseres Atommülls herumschlagen müssen! Vor 100 000 Jahren begann der sogenannte Homo „sapiens" erst, sich auf der Erde breit zu machen. Seriöse Wissenschaft kann auch Fehler machen, bemüht sich aber um objektive Wahrheitsfindung. Das neoliberale Wirtschaftskonzept mit seinen erlebten Auswüchsen und dem Glauben an unendliches Wachstum dagegen ist neben dem Kommunismus die dümmste Ideologie, die ich mir vorstellen kann.

Friedrich Merkle, Bad Krozingen

Grafik zur Bevölkerungsentwicklung
(in Milliarden)

-10000	0,0005
-8000	0,001
-6000	0,002
-4000	0,007
-2000	0,01
1	0,1
1500	1
2100	10,9

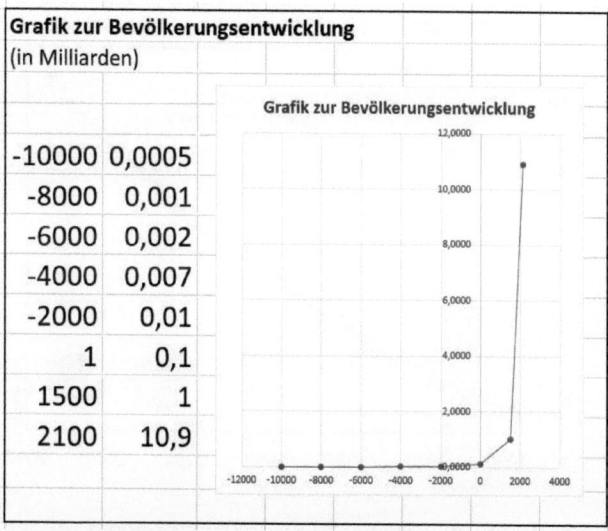

Grafik zur Bevölkerungsentwicklung, eigene Excel-Grafik, Daten aus S. Emmot „10 Milliarden", Suhrkamp

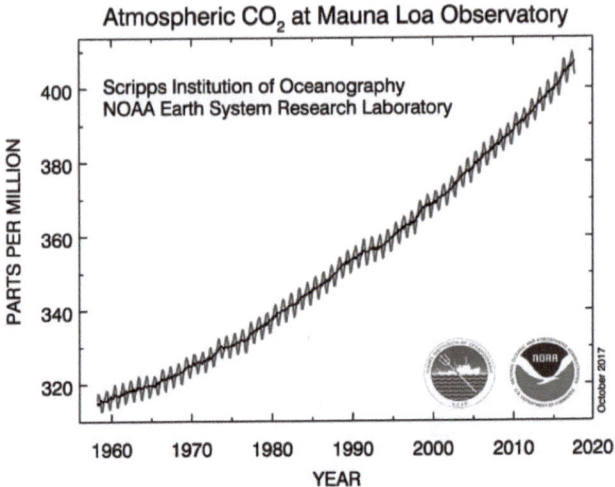

Grafik: Anstieg der CO2-Konzentration in der Atmosphäre, gemessen in -> ppm auf dem Mauna Loa auf Hawaii. Die jährlichen Ausschläge zeigen den Unterschied zwischen Sommer und Winter auf der Nordhalbkugel: Im Sommer nehmen die Bäume Kohlendioxid auf, im Winter nicht. Quelle NOAA

Dann kam Corona – in grenzenloser Selbstüberschätzung konnten sich die Menschen gar nicht mehr vorstellen, dass die Natur stärker ist und dass ein Formel-1-Bolide, ein SUV oder ein Mars Rover nicht gegen Pandemien hilft...

So wurde ich nun wirklich giftig: Corona vernebelt den Verstand!

Corona scheint inzwischen so manchen Politikern und deren kritischer Kommentatoren den Verstand vernebelt zu haben. Wer sollen nun plötzlich unsere Vorbilder sein, die alles richtig gemacht haben?? Der Brexit Lügner Boris und „America first"- Betrüger Donald, der seinen Anhängern zwar „America first" erzählte, aber immer nur „Donald first" meinte. Trump und Johnson haben also rücksichtsloser und früher auf Verdacht Impfstoff bestellt, viel mehr bezahlt und gleichzeitig den Unternehmen für Risiken einen Persil-Schein ausgestellt, sprich, sie aus der Haftung entlassen. Dass die EU das nicht genau so gemacht hat, wird ihr jetzt als totales Versagen vorgeworfen. Keiner redet von den ärmeren Ländern, die leer ausgehen bzw. später und mit weniger Impfstoff versorgt werden, weil sie nicht so viel Geld bieten konnten und können. In Sonntagsreden wird die globale Solidarität gepredigt. Jedoch redet keiner davon, dass in einer globalen Pandemie nicht Gewinnmaximierung von Pharmafirmen das höchste Ziel sein darf, sondern die Gesundheit und der Schutz der Menschen. An vielen Stellen in unserem Gesundheitswesen wird doch sichtbar, dass Gewinnmaximierung faktisch nicht zu mehr körperlicher und psychischer Gesundheit führt. Hier offenbart das kapitalistische Prinzip sein Versagen. Wie heißt es im Grundgesetz und in den UN-Statuten? „Alle Menschen sind gleich"! Gilt der Satz oder ist er Fake?

Fritz Merkle, Februar 2021

Kein Putin Versteher!
Erschienen in der BZ im Januar 2022 vor Beginn des Krieges

Mein Verständnis für die „Putin-Versteher" hält sich in engen Grenzen. Natürlich hat manche im „Westen" sich in thumbem Siegestaumel über den Zusammenbruch der Sowjetunion und des Kommunismus völlig unklug verhalten und so Putins Trauma verstärkt.

Aber rechtfertigt das fieseste Morde an politischen Gegnern nach Mafia Art, militärische Annexionen und Abenteuer mit 1000enden Toten, Abschüsse von Verkehrsmaschinen und das Leugnen der Verantwortung, Straflager im Gulag Stil, willkürliche Verhaftungen und willkürliche Prozesse? Kann er – wie Trump – selbst überhaupt noch Wahrheit von Lüge unterscheiden? Traumata bedürfen normalerweise einer gründlichen psychologischen Behandlung – Panzer und Armeen lösen kein Problem, sie schaffen nur Tote und neue Traumata. Putin ist ein typischer „Alter weißer Mann" – hoffentlich bald von gestern.

Genau genommen fehlte noch, dass Putin in Klima- und Umweltfragen ein völliger Versager ist. Der Krieg zeigte, er ist ein inhumaner Kriegsverbrecher. Siehe auch die Biografie „Putins Welt" [19]

Putin ist ein Mann von gestern. Seine Ideologie entspringt einer Zeit, in der die Erde noch unendlich schien und es darum ging, sein jeweiliges Imperium gegen die anderen auszudehnen. Es ging darum groß, nein der Größte zu sein. In einer endlichen Welt, die durch unsere Aktivitäten einer extremen Übernutzung ausgesetzt ist und sich durch unseren CO_2-Ausstoß wohl unwiederbringlich verändert, erscheint dieses Weltbild der Großmachts-Despoten dumm, hirnlos und selbstmörderisch. Solche Großmachts-Idioten gibt es leider neben Putin noch viele… Und Ideologen sind weder durch Fakten noch durch Argumente, geschweige denn durch die Realität zu überzeugen. Die ideologische Brille verzerrt die Wirklichkeit bis zur Unkenntlichkeit. Für die Chance der Menschheit, den selbstgewählten Weg in den Hitzekollaps zu verlassen, sind das keine ermutigenden Aussichten.

Artikel und Leserbriefe habe ich viele geschrieben und es gab Artikel in der BZ über mich: Über folgenden Artikel gab es natürlich Aufruhr bei den „Platzhirschen". Es kann doch nicht so ein hergelaufener Lehrer uns die Leviten verlesen! Wo gibt's denn sowas!

Beim Klimaschutz mehr Gas geben

In Bad Krozingen hat sich ein Arbeitskreis Klimaschutz gegründet – nach Staufener Vorbild.

Einer der Gründer des Arbeitskreises: Friedrich Merkle Foto: Rainer Ruther

BAD KROZINGEN/STAUFEN. Es kommt ja nicht oft vor, dass Bad Krozingen mit Neid auf die Nachbarn in Staufen blickt – aber beim Thema Klimaschutz schon: In Staufen arbeitet seit zehn Jahren ein Arbeitskreis Klimaschutz sehr erfolgreich. Die Stadt befindet sich auf dem Weg zur Klimaneutralen Kommune 2050, und es gibt ein Klimaschutzkonzept mit vielen konkreten Vorhaben. Letzteres hat auch Bad Krozingen seit einem knappen Jahr, und jetzt kann die Kurstadt weiter aufholen: Am Mittwoch wurde ein Arbeitskreis Klimaschutz gegründet.

Friedrich Merkle ist einer der Initiatoren. Würde er noch seinen Beruf als Lehrer ausüben, hätte er das Papier, das vor ihm liegt, sicher mit "Ungenügend" benotet. Die "Energiepotenzialstudie", erstellt im Auftrag der Stadt im September 2015, nennt Maßnahmen, wie Bad Krozingen innerhalb der kommenden zehn Jahre sechs Prozent weniger CO_2 ausstoßen könnte. Viel zu wenig in den Augen von Merkle und seinen Mitstreitern. Schließlich will man im benachbarten Staufen mit 20 Maßnahmen so weit kommen, dass die Kommune in 30 Jahren klimaneutral ist, das heißt: Bis 2050 soll – verglichen mit 2010 – nur noch die Hälfte der Energie verbraucht werden; diese soll zu 80 Prozent aus erneuerbaren Energien bereitgestellt werden, und die Treibhausemissionen sollen im Vergleich zu 1990 um 90 Prozent reduziert sein.

Artikel und Foto: Rainer Ruther „Beim Klimaschutz mehr Gas geben"

Für unseren AK Klimaschutz habe ich in unserer Stadtzeitung „Hallo Bad Krozingen" viele Artikel zu effizientem Bauen und Wohnen und zur energetischen Sanierung von Altbauten geschrieben. Mein jüngster Artikel, der in der 1. Ferienwoche 2021 erschien und zensiert wurde (ich durfte Ross und Reiter, also Exxon, Shell, die Koch Brüder, Murdoch als Desinformanten nicht nennen, obwohl es öffentlich und auch bewiesen ist, dass Sie bewusst gelogen und Ihre Firmen vor den Klimawandelfolgen sehr wohl geschützt haben) lautet so:

50 Jahre „Märchen" vom Klimawandel!?

In diesem Jahr, 2022 jährt es sich zum 50. Mal, dass der Club of Rome seine Computerstudie „Die Grenzen des Wachstums weltweit veröffentlichte. Ich las es an einem einzigen Tag, schwänzte sogar die Vorlesung und war fertig mit den Nerven – mit meinem damaligen Weltbild des „höher, schneller, weiter" und „die Menschheit erobert den Mond und das Weltall."

Schon in dieser Studie wurde neben der großen Problematik der Weltbevölkerungsexplosion und der damit verbundenen Umweltzerstörung auf die CO_2 Problematik deutlich hingewiesen. Viel früher erkannte ein „Urvater" der Chemie, Svante Arrhenius die Treibhauswirkung des CO_2.

Die Universität Freiburg misst seit Jahrzehnten die CO_2-Konzentration auf dem Schauinsland und aus alten Eisbohrkernen konnte man die CO_2-Konzentrationen bis fast 1 Million Jahre zurückverfolgen. Ich glaube, die Grafik spricht für sich. Die früheren Schwankungen in der Erdgeschichte bis 1 Million Jahre sind nicht vergleichbar mit der Entwicklung der letzten 50 Jahre. Für mein Examen lernte ich noch einen Wert der CO_2-Konzentration von 280 ppm. Nun liegen wir noch höher als in der Grafik von 2017 – bei 416 ppm. Grafik siehe Seite 7

Dennoch wurden 50 Jahre lang von interessierten Kreisen (wie vorher schon genannt, Konzerne wie Exxon, Shell und Magnaten wie die Koch Brüder, Murdoch und viele andere mehr) aus durchsichtigen Motiven – ich nenne es aus verantwortungsloser Gier – Märchen über die Harmlosigkeit der CO_2-Emissionen erzählt und professionell erfolgreich verbreitet. Ebenso wurde die Entwicklung der erneuerbaren Energien mit allen Mitteln gebremst, als unwirtschaftlich und zu teuer diffamiert. Ein bekannter Tunnelbohr-Maschinenbauer setzt sich immer noch rührselig für die Erhaltung des Schwarzwaldes ein und sieht den Schwarzwald nicht durch die Klimaerhitzung, sondern durch ein paar Windräder bedroht – ohne Eigeninteressen, versteht sich! Wie viele Tierfreunde – Auerhahn -, Milan- und Fledermausschützer – es plötzlich gab unter Menschen, die ihr Geld an fossilen Rohstoffen verdienten. Märchen über Märchen – aber da wir alle gerne Märchen hören, glaubten viele sie und wurden so im Kampf gegen Windräder zu willigen Werkzeugen der Bremser und Desinformanten.

Und nun haben wir den Salat: Nicht nur, dass Australien, Kalifornien, Permaforste Russlands und weite Teile Kanadas abbrennen, auch wir haben Flutereignisse, die wir uns – siehe Ahrtal – so nie vorstellen konnten. Wissenschaftlich war das alles längst klar. Mit jedem Grad Temperaturerhöhung nimmt die Atmosphäre 7,5 % mehr Wasser auf. Bei 2 Grad sind das 15 %. Meteorologisches

Grundwissen. Ebenso klar ist, dass der Meeresspiegel steigt. Wenn wir Glück haben, nur um weitere 40 cm bis 2100. Es können, wenn es dumm läuft, auch mehr als 2 Meter werden. Es wird nass werden an der „Nooordseeküste... am Plattdeutschen Straaand".

Aber wir wollten lieber die Märchen und Lügen der Rücksichtslosen glauben. Es war ja so bequem. Nun ist es zwar sehr spät (ich schätze Null Uhr 30) aber mit vollem Einsatz können wir noch Schlimmeres verhindern. Alles muss auf den Prüfstand. Auch in Bad Krozingen: Entsiegeln, Bäume erhalten und pflanzen, Altbauten energetisch sanieren, Mobilität mehr aufs Rad und den ÖPNV. PV auf die Dächer! Das kostet zu viel? Nein es rentiert sich längerfristig immer und schützt Leben und Gesundheit der Älteren und erhält uns die Kurgäste. Was war das Markenzeichen Gorbatschows? Perestrojka „Neues Denken". So sind auch wir gefordert. Und Märchen sollten wieder schöne, schaurige Märchen bleiben!

Für den AK Klimaschutz Fritz Merkle

KEIN LEICHTER SCHRITT...
WARUM ICH AUS DER KATH. KIRCHE AUSTRETEN MUSS

Spiegel 5/96: Deutschland 1996 "Schlaraffenland ist abgebrannt" Kein Zweifel, wir alle werden in unseren materiellen Ansprüchen zurückstecken müssen, unser Lohnniveau wird sinken. Für mich hat das geradezu "Naturgesetzlichkeit". Warum?? Die übergeordnete Ursache nicht nur dieses Problems, sondern vieler Probleme, die wir auf der Welt haben, ist die Weltbevölkerungsexplosion. Woher kommt die? Die Wachstumsrate r der Menschheit folgt ebenso wie die von Tierpopulationen einer einfachen Gesetzmäßigkeit. r = b – m, also Geburtenrate minus Sterberate.

Wie hat die Zivilisation diese bei den Naturvölkern im Gleichgewicht stehenden Faktoren verändert? Die Geburtenrate wurde massiv angehoben und die Sterberate gesenkt. Das führt zwangsläufig zur Weltbevölkerungsexplosion, einem Zustand, der Massenelend, massenhaftes Sterben durch Unterernährung, Förderung der menschlichen Revieraggression, also Krieg und Tod zur Folge hat. Er ist in den kommenden 100 Jahren eine ernsthafte Bedrohung der menschlichen Existenz überhaupt. Dennoch erdreistet sich ein Mann Gottes, Papst Paul VI, zu behaupten, Geburtenkontrolle sei Sünde, also dem Katholiken nicht erlaubt. Der sexuelle Akt habe ausschließlich Fortpflanzungsfunktion. Ich habe persönlich bei den Vätern der Verhaltensforschung, Konrad Lorenz und Eibl-Eiblsfeldt studiert und weiß deshalb, dass selbst diese Vorstellung falsch ist. Der sexuelle Akt hat beim Menschen v. a. auch Bindungsfunktion, die nötig ist, um ein Paar für die lange Kindheits- und Jugendphase seiner Sprösslinge zusammenzuhalten und das psychologisch warme Nest, das ein Menschenkind zu seiner (Intelligenz-) entwicklung braucht, zu ermöglichen.

Eigentlich "weiß" das jeder von uns aus "Erfahrung", nur der Papst will uns weismachen, dass der "liebe Gott" die Suppe auslöffelt, die wir uns eingebrockt haben. Eine abenteuerliche Vorstellung, aus welchen Gründen auch immer!? Ich sehe dies schon lange so, seit ich 1972 die Computerstudie des Club of Rome gelesen habe. Ich bin bisher trotzdem nicht ausgetreten, da ich anderseits die soziale Funktion der Kirche würdige und glaube, dass ein deutlicher Teil meiner Kirchensteuer für wirklich sinnvolle Zwecke verwendet wurden.

Ab heute werde ich meine Kirchensteuer ausschließlich für soziale Zwecke verwenden können. Ich schreibe diese Zeilen in Kapstadt, Südafrika, etwa 1 km entfernt von einer Slumsiedlung (zynisch „Mandela-Park" genannt). Die meisten Menschen, die dort wohnen, haben keine Arbeit, obwohl sie jede gebotene Arbeit annehmen, sie können sich unser materielles Schlaraffia gar nicht vorstellen und strahlen dennoch mehr Freundlichkeit und Freude aus als die meisten Deutschen. Ich habe mich in den Slums nie bedroht gefühlt...

Kapstadt, RSA, 21.05.96

Wenn die „kognitive Dissonanz" meiner lieben Mitbürger, der Corona-Leugner oder der Ministerpräsidenten für mich unerträglich wurde, fing „es" bei mir zu dichten oder auch zu singen an:

Das Fake-Desaster geht vorbei –
Und eins plus eins bleibt immer zwei!

Als Lehrer hört ich viel' Geschichten,
die Schüler mir als Fake News dichten!
Doch ich blieb immer klar dabei,
Eins plus eins war für mich zwei!

Mein Vater wollt' es oft nicht hören,
meine Sicht konnt' ihn verstören!
Mein Preis dafür war häufig hoch,
ich blieb bei meiner Wahrheit doch.
Ich blieb ich in meinem Denken frei –
denn eins plus eins gibt immer zwei!

Die Populisten weltweit richten,
klar Denken wollen sie vernichten!
Egal wie groß ist Ihr Geschrei –
Eins plus eins bleibt immer zwei!

Den Klimawandel zu verleugnen,
trotz bessren Wissens, es gibt Zeugen!
Ist kriminell und rücksichtslos.
Doch Gier macht einfach hemmungslos,
Dem Meeresspiegel ists egal,
für Küstenstädte ganz fatal!
Drum bleibe ich ganz klar dabei,
Eins plus ein gibt zwei!

Glück, dass der Trump die Wahl verlor
Die Menschheit stand dem Abgrund vor,
Der Weg der Wahrheit bleibt noch frei,
denn 1 plus 1 bleibt zwei!

Die Aufklärung hat es begriffen,
dass rational die Welt wir blicken,
Doch nun soziale Medien zocken,
woll'n uns im Kopf zur Steinzeit locken.
Drum haltet ein und denkt dabei
Eins plus eins bleibt immer zwei!

Und wenn ich dann gestorben bin
und wieder Teil der Erde bin.
Denkt Ihr an mich, so spürt dabei
Eins plus eins bleibt immer zwei!

Fritz Merkle, November 2020

Corona Lied...

die Melodie ist klar: Kurt Weil „Und der Haifisch."
Und er Haifisch, der hat Zähne!
und die Zähne, sieht man nicht.
Doch der Mackie, hat ein Messer,
doch das Messer, sieht man nicht!
Und Corona, hat auch Zähne,
Und die Zähne sieht man nicht!
Doch wir haben einen Impfstoff,
Und das Virus kennt ihn nicht.
Ja Corona, hast auch Zähne,
Und die Zähne sieht man nicht!
Doch Corona, Deine Zähne,
fall'n bald aus, kleiner Wicht!
Auch das Klima, das wird wärmer,
das zu leugnen, das hilft nicht!
Und die Lehre von dem Virus,
Leugne niemals Fakten nicht!
Und bedenke, dass wir haben
Eine Erde – viele nicht!
Und der Mensch wird, wenn er's leugnet,
wie Corona ein kleiner Wicht.
Fritz Merkle im Februar 2021

> „Stärke wächst nicht
> aus körperlicher Kraft –
> vielmehr aus unbeugsamem Willen"

Mahatma Gandhi
(1869–1948)
Anführer der indischen Unabhängigkeitsbewegung

... und diese Kraft ist immerhin erlernbar – auch in Bescheidenheit!

Nachwort

Ich weiß, dass ich ganz verschiedene Lebensbereiche und Wirklichkeiten in diesem Buch abgedeckt habe. Ich habe das aber bewusst getan, denn ich glaube, diese Bereiche darf man nicht isoliert betrachten. Die Crux einer Ausbildung z. B. zum Diplom-Kaufmann besteht doch darin, dass sie nur die sogenannten Gesetze der Marktwirtschaft sieht und lehrt. Die Erde und das Leben als Ganzes und deren existenzielle Grundbedingungen bleiben da völlig außen vor. Und gerade die sind es doch, die nach Einsetzen der Weltbevölkerungsexplosion Grenzen erreichen, die die Philosophie des Marktes nicht vorsieht. Wir Menschen haben inzwischen unglaublich viel Wissen angehäuft, was irgendwo nachzulesen ist – sogar online. Und dennoch sind die einzelnen Fachspezialisten oft so sehr in Ihrer Fachblase gefangen, dass sie nicht in der Lage sind, das große Ganze zu sehen. Und das große Ganze bleibt immer die faszinierende Biochemie des Lebens und die vernetzte Ökologie der Natur. Ausbüchsen können wir da auch als Weltraumtourist nicht wirklich – für 10 Minuten ja – aber danach kommt irgendwann die Realität der Grenzen jeden individuellen Lebens zurück. Die meisten Mondfahrer sind schon Geschichte.

Und die Werbepsychologen lernen ausgiebig, wie man den Kunden täuschen und überlisten kann, natürlich auch mit den Methoden und Erkenntnissen der Verhaltensbiologie. Sie studieren also genau genommen legale „Täuschung". Dass man die Erkenntnisse der Verhaltensbiologie nutzen sollte, damit Menschen und Völker konfliktfreier miteinander leben können, das schien den Lehrplanmachern in BW zu Zeiten eines Herrn Kultusministers Mayer-Vorfelder unwirtschaftlich. Genau das ist es aber nicht. Wie viele Milliarden, besser Billionen kostet der Sand im Getriebe in Familie, Kommunen, Vereinen, Betrieben und Politik. Das Scheitern in Afghanistan ist ein mahnender Beweis. Die zentrale Frage lautet doch: Wie tickt der Mensch wirklich? Deshalb – so glaube ich – habe ich wichtige unterschiedliche Bereiche der menschlichen Existenz zusammengebracht, die zu unterschlagen gefährlich ist und bleibt.

Jetzt – 2022 – sind es nun 50 Jahre, dass die „Grenzen des Wachstums" 1972 vom Club of Rome veröffentlicht wurden und dass ich in München auf dieses Buch stieß. Es war die größte Korrektur, nein, der größte Bruch meines Weltbildes überhaupt. Schwierig wird so etwas, wenn man mit niemandem darüber reden kann. Denn meine Familie war mit Geld- und Machtauseinandersetzungen beschäftigt. Mir hängten sie das Etikett des abgehobenen intellektuellen Spinners an, der von der wirklichen Welt keine Ahnung hätte. Härter war es schon mit meinen Kollegen unterschiedlichster Fachrichtungen – es wurde mir unterschwellig eine pessimistische Lebenseinstellung unterstellt. Positiv denken, hieß und heißt die magische Formel der Psychologen und Glückspropheten. Zur Bewältigung des Klimawandels scheint das bisher kein erfolgversprechendes Rezept gewesen zu sein. Besonders gnadenlos waren dann meine eigenen Zweifel mit mir – ist es vielleicht gar eine depressive „Veranlagung", eine Vorstellung, die mir immer wieder Angst einjagte. Eine rationale Auseinandersetzung mit den Fakten wollte in meinem Umfeld niemand zulassen.

Auch meine Söhne empfanden mich wohl auch lange als weltfremd „grünen" Spinner. Das schmerzte wirklich! Mit meinen Argumenten auseinandersetzen, besser nicht. So verfestigte sich das tief schon in meiner kindlichen Seele verankerte Selbstbildnis vom Exoten und Außenseiter. An den naturwissenschaftlichen Fakten anderseits ließ sich nicht rütteln. **Das muss man erst mal unbeschadet aushalten: 50 Jahre mit der Erkenntnis leben, dass die Menschheit sich immer schneller auf einen Abgrund zu bewegt, der das Potential zur Auslöschung hat und gleichzeitig die Erfahrung, dass es meist besser ist, das nicht offen zu kommunizieren.** Wir sagen zwar, wir hätten Meinungsfreiheit im Gegensatz zu totalitären Staaten wie China oder Nordkorea. Unerwünschte Ansichten werden jedoch dennoch mit sozialer Distanzierung sanktioniert. Und die wirkt durchaus stark diskriminierend. Je deutlicher diese Dissonanz wurde, desto mehr schwand meine Achtung vor dem sogenannten Homo sapiens sapiens. Auch bei meinem Engagement im Arbeitskreis Klimaschutz hatte ich lange Zeit nicht das Erfolgserlebnis, dass diese Arbeit erfolgversprechend ist und gehört wird. Erst Greta, Fridays for Future und bei uns in Bad Krozingen die Rad-Demos von Parents for Future brachten Bürgermeister und einige der Stadträte dazu, auf diesen Druck zu reagieren. Deshalb schloss ich mich sofort als „Opa for Future" an. Ich hoffe und will es nicht ganz ausschließen, dass die Menschheit noch so reagiert, dass die allerschlimmsten Szenarien nicht voll eintreten werden. Meine Skepsis jedoch bleibt groß. Mein Antrieb bleibt jedenfalls, mich voll für Klimaschutz und Energiewende zu engagieren – vielleicht war das DER Sinn meines Lebens.

Den schlagfestesten Beleg dafür, dass meine Analyse den Finger in die richtige Wunde legt, das habe ich zu Beginn des Kapitels zur Wirtschaftstheorie schon erwähnt, liefern mir nun das Ehepaar Maxton – er immerhin ehemaliger Generalsekretär des Club of Rome – mit ihrer kompromisslosen Verurteilung des Neoliberalen Kapitalismus als Hauptverursacher der Klimaerhitzung. „Damit sich die Menschheit von ihrer selbst gemachten ökologischen Bürde befreien kann, muss sie zuerst begreifen, dass das heute in weiten Teilen der Welt dominante System des menschlichen Fortschritts, bekannt auch als Neoliberalismus, die Hauptursache ihrer Probleme ist." Und einige Seiten weiter: „Unermessliche Mengen an Zeit, Energie und Talent wurden bereits auf ernsthafte Debatten mit Neoliberalen vergeudet, als wären dies ehrliche Theoretiker, Denker, Gelehrte, Denkfabrikexperten oder Staatsmänner, wo doch das Hauptmerkmal des Neoliberalismus die Täuschung ist." Auch die Maxtons sehen – wie ich – den vom Neoliberalismus propagierten Egoismus und Individualismus in angelsächsisch geprägten Gesellschaften als schwere Bürde. „Um ... eine Welt zu schaffen, in der die Menschheit in Einklang mit der Natur leben kann, brauchen Gesellschaften ein System echter Gleichberechtigung, frei von Gier und Materialismus."

Die Maxtons setzen sich auch mit der Stimmungslage auseinander, die Menschen befällt, die die Sackgasse, in die sich die Menschheit manövrieren ließ: „Sobald man begreift, was mit der Welt passiert, kann es sein, dass man in tiefe Trauer verfällt. Als hätte man einen geliebten Menschen verloren. Nichts wird mehr so sein wie früher. Deshalb leiden viele Klimaaktivisten unter Depressionen... Die Trauer kann unerträglich sein, weil es so viel zu betrauern gibt. So viele schöne, ausgeklügelte Ökosysteme, die für Einkaufszentren niedergewalzt wurden, die durch Bergbau, Waldbrände oder steigende Meeresspiegel zerstört wurden."

Die Bundestagswahl 26. September 2021 hat gezeigt, dass der Ernst der Lage noch immer nicht erkannt wurde. So schreibt die DGS (Deutsche Gesellschaft für Sonnenenergie) in Ihrem Newsletter: **„Die dokumentierte kollektive Verweigerung der Wirklichkeit:** Für den einen oder anderen Zuhörer mag das desillusionierend klingen, wenn der Sozialpsychologe Harald Welzer die Bundestagswahl analysiert. Doch die Argumente sind stichhaltig. Diese Wahl dokumentiere eine Wirklichkeitsverweigerung, denn die Wähler hätten sich von der Challenge Klimakrise abgewendet und stimmten lieber für diejenigen, „die trotz aller gegenteiliger Zeichen versprechen, dass alles so weitergehen kann, wie bisher". Sie verhalten sich konträr zur Faktenlage, „aber Wirtschaftswachstum und wirksamer Klimaschutz schließen sich leider aus", da Wachstum einen gesteigerten Verbrauch und somit mehr Ressourcen, Energie und Müll bedeute. **Das Wählerverhalten sei kognitive Dissonanz**, ein vom Psychologen Leon Festinger geprägter Begriff. Das beschreibt die Reaktion auf einen unangenehmen Gefühlszustand, bei dem eine Spannung zwischen einer Überzeugung und einer Information erlebt wird: „dann interpretiert man die Information so, dass man mit ihr leben kann". In dieser harmonischen Illusionsgemeinschaft hätten alle Parteien lediglich ihre Deutung der Wirklichkeit geändert. Quelle: DGS v. 1.10.2021

Kraft zum Kampf liefern jedoch Zusammenschluss und Zusammenhalt aller, die das Unheil wenigstens bremsen wollen. Der Schlüssel zu dieser Kraft ist Empathie und Gleichberechtigung. Wir müssen „Wissen" und „Handeln" wieder in Einklang bringen – nur dann sehe ich eine Chance, dass die Menschheit die Klimakrise bewältigen kann. Das Leben auf Erden wird weitergehen. Ob Homo sapiens sapiens aus seinem selbst verursachten Schlamassel herauskommt, das hängt an seiner kollektiven Sapientia (lat.: Klugheit)! Einfach wird es nicht!

Oktober 2021
Friedrich Merkle

Literaturverzeichnis

1 Stefan Rahmstorf, Klimaforscher am PIK, schreibt am 13.8.2021 in Spiegel online zum Thema Meeresspiegelanstieg: „Bei einem 1,5 Grad Szenario kann der Anstieg bis 2100 wahrscheinlich auf unter einem halben Meter begrenzt werden. Doch bei weiter stark steigenden Emissionen lässt sich ein Anstieg um bis zu 2 Meter bis 2100 und gar 5 Meter bis 2150 nicht ausschließen.
2 Dennis Meadows, DIE GRENZEN DES WACHSTUMS, Bericht des Club of Rome zur Lage der Menschheit, dva 1972
3 DIE KLIMABREMSER-LOBBY IM MACHTZENTRUM DER CDU, Dr. Christina Deckwirth, Politikwissenschaftlerin, geb. 1978, vertritt LobbyControl in unserem Berliner Büro gegenüber Politik und Medien.
4 Nicole Diekmann, DIE SHITSORM REPUBLIK, Wie Hass im Netz entsteht und was wir dagegen tun können.
5 Richard Leakey/Roger Lewin, Die sechste Auslöschung, S. Fischer Verlag 1996
6 Mojib Latif Das Ende der Ozeane – Warum wir ohne Meere nicht überleben werden. Herder Verlag
7 Andreas Markowsky, Klimaschänder, Klimaneutral Verlag, 2021
8 Maja Göpel, „Unsere Welt neu denken – eine Einladung"
9 Claude Martin, Club of Rome, Endspiel – Wie wir das Schicksal der tropischen Regenwälder noch wenden können, oekom, 2015
10 Naomi Klein, „THIS CHANGES EVERYTHING"

11 Michael Moore, Spiegel Interview: Wolfgang Hobel, Daniel Sand
12 Frans de Waal, DAS PRINZIP EMPATHIE, Carl Hanser Verlag, 2009
13 Rütger Bregmann, Im Grunde gut, Rowohlt Verlag, 2020
14 Irenäus Eibl-Eibesfeldt Die Biologie des menschlichen Verhaltens, Seehamer Verlag, 1997
15 Etcoff, Nancy (2001). Nur die Schönsten überleben. Die Ästhetik des Menschen.
16 Prof. HELLBRÜGGE: Die ersten 365 Tage im Leben eines Menschen
17 Felix von Cube, Fordern statt Verwöhnen – Die Erkenntnisse der Verhaltensbiologie in Erziehung und Führung
18 Prof. Dr. De Beer. BILDATLAS DER EVOLUTION, BLV 1966
19 Kaja Gloger, Putins Welt, das neue Russland und der Westen, Piper, Januar 2017

Bildquellennachweis

Seite	Quelle/Herkunft
16	Prof. Dr. Ulf von Zahn
18	F. Merkle
20	IPCC
24	Die Grenzen des Wachstums, Dennis Meadows Club of Rome, dva 1972
28	Roger Lewin, Buchcover Fischer Verlag
30	Reklim Folie
31	F. Merkle
34	F. Merkle
62	Foto F. Merkle Buchcover: Hanser Verlag, 2009
73	wikipedia & werbefoto pixabay
75	pixabay
79	Die Biologie des menschlichen Verhaltens, Seehamer Verlag
80	pixabay
80 (unten)	F. Merkle
81	pixabay
81	pixabay
82	F. Merkle
83	pixabay
83	pixabay
85	pixabay

88	Die Biologie des menschlichen Verhaltens, Seehamer Verlag
89	Steffen Roth
92	Die Biologie des menschlichen Verhaltens, Seehamer Verlag
93	Die Biologie des menschlichen Verhaltens, Seehamer Verlag
95	pixabay und Diane Fossey fund
97	Excel Grafik und Foto F. Merkle, Daten DGS
98	Bildatlas der Evolution, de Beer, blv Verlag 1964
100	Die Biologie des menschlichen Verhaltens, Seehamer Verlag
112	F. Merkle
113	Rainer Ruther, BZ
114	Prof. Dr. Ulf von Zahn
117	F. Merkle
118	Scripps Institution of Oceanography NOAA Earth System Research Laboratory
121	Artikel Rainer Ruther, Foto F. Merkle

Det Autor

Friedrich Merkle studierte Biologie und Chemie an der LMU München, war bis zu seiner Pensionierung Oberstudienrat am Gymnasium Leonberg und Renningen, langjährig im Vorstand des BUND Leonberg und einige Jahre Vorsitzender und ebenso Mitglied des Umweltbeirates der Stadt Leonberg. Seit 2015 ist Gründungs- und Vorstandsmitglied der Ortsgruppe von Bündnis 90/Die Grünen in Bad Krozingen. Ebenso ist er Gründungsmitglied und zur Zeit Vorsitzender des AK Klimaschutz Bad Krozingen.

Der Verlag

> *Wer aufhört
> besser zu werden,
> hat aufgehört
> gut zu sein!*

Basierend auf diesem Motto ist es dem novum Verlag ein Anliegen, neue Manuskripte aufzuspüren, zu veröffentlichen und deren Autoren langfristig zu fördern. Mittlerweile gilt der 1997 gegründete und mehrfach prämierte Verlag als Spezialist für Neuautoren in Deutschland, Österreich und der Schweiz.

Für jedes neue Manuskript wird innerhalb weniger Wochen eine kostenfreie, unverbindliche Lektorats-Prüfung erstellt.

Weitere Informationen zum Verlag und seinen Büchern finden Sie im Internet unter:

www.novumverlag.com